When Harry
Met Sally...

해리가 샐리를 만났을 때
각본집

1판1쇄 펴냄 2024년 12월 20일

지은이 노라 에프런
옮긴이 홍한별

펴낸이 김경태
편집 조현주 홍경화 강가연
디자인 박정영 김재현 | **마케팅** 유진선 강주영 정보경
펴낸곳 (주)출판사 클
출판등록 2012년 1월 5일 제311-2012-02호
주소 03385 서울시 은평구 언서로26길 25-6
전화 070-4176-4680 | 팩스 02-354-4680 | 이메일 bookkl@bookkl.com

ISBN 979-11-94374-08-4 03680

출판사 클의 책을
만나보세요.

When Harry Met Sally...

해리가 샐리를 만났을 때

각본집

노라 에프런 지음
홍한별 옮김

일러두기

1. 책, 잡지, 신문은 『 』, 영화, 뮤지컬, TV 쇼는 「 」, 노래 제목은 〈 〉, 노래 가사는 ' '로 표기합니다.
2. 서로 다른 인물의 대사가 겹치거나 곧바로 이어지는 부분은 원서와 같이 ―로 표기합니다.
3. 한 신에서 한 인물의 대사가 끊어지지 않고 리듬감 있게 연결되는 부분은 원서와 같이 말줄임표에 마침표 없이 …로만 표기합니다.
4. 부연 설명이 필요한 부분은 *로 표시해 각주로 표기합니다.

용어 설명

FADE IN : 점차 밝아지는 화면.

FADE OUT : 점차 어두워져 암전되는 화면.

CUT TO : 장면 전환.

V.O.(VOICE OVER) : 화면에 등장하지 않는 인물의 목소리.

FLASHBACK : 과거 회상 장면.

V.O. FLASHBACK : 과거에 했던 대사가 또 다른 과거 회상 장면과 겹치며 만들어지는 장면.

DISSOLVE : 앞의 화면이 사라지며 동시에 뒤의 다른 화면이 점차 나타나는 장면 전환 기법.

CONT'D(계속) : 인물의 장소나 상황, 동작이 바뀜에도 불구하고 계속해서 이어지는 대사.

THROUGH FILTER(음성 필터) : 전화를 통해 들리는 목소리.

WIPE(와이프) : 기존 화면을 새로운 화면으로 닦아내듯 밀어내는 장면 전환 기법.

TIGHT SHOT(근접 숏) : 특정 피사체를 매우 가까이 촬영한 장면.

ESTABLISHING(설정 숏) : 장면의 배경, 장소, 인물 배치 등을 소개하는 장면.

RESTABLISH(재설정 숏) : 이미 소개된 장소나 배경을 다시 보여주는 장면.

HOLD SHOT(홀드 숏) : 일정 시간 고정된 상태로 촬영한 장면.

TRAVELING SHOT(트래킹 숏) : 카메라가 움직이며 장면을 따라가는 촬영 기법.

BEAT(한 박자 뒤) : 대사 중에 잠깐의 정적이나 여운.

닉에게

들어가며

노라 에프런

　이 표지에는 내 이름이 적혀 있지만 사실상 이 각본은 공동작업으로 쓰였다. 그러니 영화 이야기를 하기 전에 먼저 이 영화가 어떻게 시작되었는지 이야기해야 할 것 같다. 1984년 10월에 내 에이전트한테서 전화가 온 게 시작이었다. 롭 라이너(롭)와 제작 파트너 앤드루 셰인먼(앤디)이 점심을 같이하면서 새 프로젝트에 관해 이야기하자고 한다는 거였다. 그래서 점심을 먹었고, 그 두 사람이 변호사가 나오는 영화 아이디어를 들려주었다. 자세한 내용은 잊어버렸다. 요는, 그 아이디어에 나는 전혀 흥미를 못 느꼈고 왜 두 사람이 내가 그 영화에 적임자라고 생각했는지 알 수 없었다는 거다. 그 아이디어에는 관심이 안 간다고 바로 말해야 할지, 아니면 논의는 이미 끝났는데 식사는 계속해야 하는 난감한 상황이 되지 않게 한 시간 정도 계속 맞장구를 쳐줘야 할지 잠깐 갈등했던 기억이 난다.

　나는 바로 말하기로 마음먹었다. 그러고 난 다음에는 셋이서 개인적인 이야기를 하면서 식사를 했다. 음, 정확히 말하자면, 우리는 롭과 앤디의 개인사에 관해 이야기하면서 식사를 계속했다. 롭은 이혼했고 앤디는 독신이었다. 그리고 두 사람 다 정말 재미있는 사람들인데 로스 앤젤레스에서 싱글로 사는 이야기를 엄청 솔직하게 들려주었다. 식사가 끝났고 영화에 관한 아이디어는 여전히 하나도 없었다. 어쨌든 두 사람이 다음에 뉴욕에 오면 다시 만나자고 했다.

그러고 한 달 뒤에 다시 만났다. 아이디어를 몇 개 더 내놓았는데 하나도 기억은 안 난다. 그러다가 마침내 롭이 아이디어가 하나 있다고 했다. 어떤 남자와 여자가 친구가 되는데 연인은 되지 않으려 한다. 섹스가 모든 걸 망친다고 생각해 섹스는 하지 않기로 한다. 그러다가 섹스를 하게 되고 다 망한다. 내가 말했다. 그거 해요.

그래서 하기로 했고, 2월에 앤디와 롭이 다시 뉴욕에 왔고, 우리는 며칠 동안 둘러앉아 이야기를 나눴는데 두 사람이 몇 가지 이야기를 해주었다. 충격적인 이야기들. 예를 들면, 이 남자들은 섹스가 끝나면 침대에서 일어나 집에 가고 싶다는 거였다. 이게 해리의 이런 대사가 되었다.

해리   얼마나 더 안고 있어야 집에 갈 수 있을까? 30초면 충분할까? […] 당신은 끝난 다음에 얼마나 오래 안겨 있고 싶어요? 밤새도록? 맞죠? […] 30초와 밤새도록 사이의 차이가 문제라고요.

샐리   나는 문제없어요.

남자들은 밤중에 도망 나오려고 끝없이 다양한 핑계들을 꾸며낸다고 했다.

샐리　　　알지, 나는 너랑 안 엮여서 정말 다행이야. 결국 나도 네가 새벽 세 시에 장작 받침쇠를 닦아야 해서 이만 가봐야 겠다고 하는 걸 당하게 됐을 테니까. 심지어 너네 집에는 벽난로도 없는데. 그렇단 사실도 난 몰랐겠지만.

　　　또 롭과 앤디는 남자와 여자가 친구가 될 수 없는 이유는 남자는 언제나 여자와 자고 싶어 하기 때문이라고 했다. 아무 여자하고나.

해리　　　왜냐하면 남자는 매력을 느끼는 여자하고는 절대 친구가 될 수 없으니까요. 늘 섹스를 하고 싶어 하죠…
샐리　　　그러니까 그 말은 매력을 느끼지 않는 여자와는 친구가 될 수 있다는 거잖아요.
해리　　　아니죠. 그 경우라도 자고 싶은 건 마찬가지라.

　　　이런 이야기가 충격이긴 했지만, 사실 생각도 못 했던 일은 아니었다. 남자들 머릿속이 어떠할까 상상해본 나의 최악의 상상과 얼추 비슷했다.

　　　롭과 앤디와 나는 몇 시간 동안 우정, 섹스, 인생 전반에 얽힌 문제들을 놓고 시답잖은 말을 주고받았다. 그러는 동안 깨달았다. 영화가 무슨 내용이 될지는 전혀 감도 잡히지 않은 상태였지만, 롭 라이너한테서 대단한 캐릭터를 찾아냈다는 사실을. 롭은 정말 이상한 사람이다. 극도로 재미있는 사람인데, 또 극도로 울적한 사람이기도 하다. 적어도 그때는 그랬다. 자기가 얼마나 우울한지 끝없이 이야기했다. "여자들은 메이크업을 하기 전에 베이스가 있잖아요." 롭이 말했다. "나는 우울이 베이스로 있어요. 가끔은 그 아래로 가라앉아요. 가끔은 그 위로 떠오르고." 이 대사가 각본 초고에 그대로 들어갔는데 어느 시점에서 롭이 쳐냈다. 이걸 뺀 건 실수라고 나는 생각하지만 뭐, 됐다.

롭이 우울해하며 한 말 가운데 또 이런 것이 있다. "나는 누굴 만날 준비가 안 된 것 같아요. 나처럼 우울하다면… 만약 우울이 걷히면 나와 같은 수준인 누굴 만날 수 있을 거예요. 하지만 그건 마치 바람이 많이 부는 날 나보다 실력이 못한 사람하고 테니스를 치는 것하고 비슷하죠. 상대도 꽤 잘 받아치고 몇 게임 따내기도 하지만, 바람이 너무 많이 부는 거예요. 무슨 말인지 알죠?" 나는 롭이 무슨 소리를 한 건지 전혀 모르지만 어쨌거나 그 말을 노트에 적어놓았다. 언젠가 써먹을 수 있을 거라고 생각해서. 그리고 썼는데, 잘려 나갔고, 그것도 실수다 싶지만, 뭐 됐다.

요는 롭이 우울했다는 거다. 하지만 롭은 자기가 우울하다는 점에 대해서는 우울해하지 않았다. 사실상 자신의 우울증을 사랑했다. 해리도 그렇다. 해리는 자기가 솔직히 샐리보다 우월하다고 생각하는데, 샐리가 관대하게도 '어두운 면'이라고 부르는 면이 자기한테 있다는 이유에서다. "아무 일도 일어나지 않는다고 생각해봐요." 해리가 영화 첫 번째 시퀀스에서 말한다. "거기 [뉴욕에] 평생 사는데 아무 일도 안 일어난다면요. 아무도 못 만나고, 아무것도 못 이루고, 결국엔 고독사했는데 2주가 지나서 썩은 냄새가 복도로 새어 나올 때까지 아무도 모른다면요." 해리는 열여덟 시간 동안 같이 차를 타게 된 경박한 젊은 여자에게 이런 가능성을 적나라하게 말해준 일을 진심으로 자랑스럽게 생각한다. 해리 는 어둠의 왕자, 최악의 시나리오의 제왕, 막 연애를 시작하려는 사람에 게 성욕 이후에는 필연적으로 욕망의 끝이 온다는 걸 말해주는 사람이 되는 걸 즐긴다. "공항에 배웅 나온다는 건 연애가 막 시작됐다는 뜻이 죠. 그래서 난 연애 초반에 절대 공항으로 배웅 안 나가요… 왜냐하면 언 젠가는 마음이 식을 테고 그때는 공항에 안 데려다주면 "왜 이제는 공항 에 배웅하러 안 나와?"라고 말할 텐데 그게 싫은 거죠."

　　그래서 롭을 바탕으로 해리를 쓰기 시작했다. 해리가 어둡고 우울 하니까 자연히 샐리는 밝고 명랑하고 한없이, 이유 없이, 비현실적으로, 어리석도록 낙관적이어야 했다. 쓰고 보니 꼭 나 같았다. 내가 꼭 명랑하 다고 할 수는 없지만 나는 괜찮아, 그냥 괜찮아, 모든 게 괜찮아, 하는 스 타일이다. "그 사람 잊었어." 샐리는 실연을 전혀 극복하지 못했는데도 이렇게 말한다. 나도 살면서 그 말을 너무 많이 했고, 또 그게 사실이라 고 믿는 실수를 너무 많이 저질렀다. 샐리는 통제하기를 좋아하는데 유 감스럽지만 나도 그렇다. 그리고 샐리의 통제 욕구는 필연적으로 음식 과 연결된다. 필연적이라고 말한 건 내가 늘 음식 이야기를 쓰기 때문인 데, 내가 전문성을 가졌다고 할 수 있는 유일한 분야가 음식인 까닭이기 도 하다.

　　그렇지만 나의 음식 주문 방식을 샐리의 성격 특성으로 사용한 건

내 아이디어는 아니었다. 한창 각본 작업을 하던 중에—세 번째인가 네 번째 원고쯤에서였을 것이다—롭과 앤디와 내가 닷새 연속으로 점심을 주문해 먹었는데, 내가 닷새 연속으로 아보카도와 베이컨 샌드위치를 주문하면서 괄호 안에 끝없이 토를 달았다. 마요네즈는 따로 담아 달라고 했다. 빵은 살짝 탈 정도로 구워 달라고 했다. 베이컨은 바삭바삭하게 해달라고 했다. "그냥 내가 좋아하는 식으로 먹고 싶어서 그래요." 지적을 받았을 때 내가 변명하듯 이렇게 말했고, 그 말이 대본에 들어갔다.

하지만 이런 것들은 상당히 나중 일이다. 처음에는 혼자서 '맨땅에 헤딩'하는 것 같았다. 롭한테서 힌트를 얻은 남자 캐릭터와 나와 좀 비슷한 여자 캐릭터 하나가 있을 뿐이었다. 거기에 주제 하나. 그 주제가 '남자와 여자가 친구가 될 수 있느냐'는 아니었다. 나는 싱글로 사는 것이 어떤지 이 영화에서 이야기하려고 했다. 보답받지 못한 사랑이 주된 정서인 미국 도시에서 행복을 찾으려 하는 힘겹고 좌절스럽고 끔찍하고 웃기는 여정에 관해서.

1985년 2월 5일에 내가 쓴 노트에는 롭이 이렇게 말했다고 쓰여 있다. "대화로 이루어진 영화다. 추적 장면은 없다. 음식을 집어 던지면서 싸우는 장면도. 산책, 아파트, 전화 통화, 레스토랑, 영화가 있다." 또 노트에 보면 롭이 이런 말도 했다. "우리가 만드는 영화는 두 사람이 살면서 처음 맺은 진지한 관계가 깨지고 다음 관계가 시작되기까지 서로 이끌어주는 이야기다. 어떤 과도기 같은 것. 친구고, 섹스는 하지 않고, 서로 돌보고 위로하고 대화하고 그러다가 마침내 그걸 했는데 실수였고, 그러다가 극복하고 두 번째 관계로 나아간다."

아래는 초고의 한 장면이다. 너무 자의식적이라 일찌감치 잘려 나간 장면이지만 뭐든 버리자면 아깝기도 하고, 또 내가 쓰려던 영화를 완벽히 요약한 장면이기도 해서 여기에 소개한다.

샐리 　　우리에 관한 영화 대본을 쓰면 좋을 것 같아.

해리 　　무슨 줄거리로?

샐리 　　플롯 라인이 딱 두 개야. 첫 번째 것은 한 매력적인 인물이 엄청난 역경을 딛고 의미 있는 성취를 이루는 거고, 두 번째 것은 행복의 파랑새는 바로 우리 집 뒷마당에 있다는 거지. 우리 얘기가 첫 번째 거야.

해리 　　한 매력적인 인물이―

샐리 　　두 매력적인 인물이 엄청난 역경을 딛고 의미 있는 성취를 이뤄. 살면서 처음 맺은 중요한 관계가 깨졌을 때 두 사람이 친구가 되고 서로를 두 번째 중요한 관계로 이끌어줘.

해리 　　난 영화 시나리오에 대해서는 아무것도 모르는데.

샐리 　　나도 몰라.

해리 　　그렇지만 얼핏 보기에―부정적인 말을 하고 싶진 않지만―

샐리 　　하고 싶잖아. 넌 부정적인 말 하는 거 좋아하잖아. 그게 너야. 받아들여―

해리	─내 생각에 영화는 시각적이어야 할 것 같은데. 우린 시각적인 뭐가 전혀 없잖아. 레스토랑에 앉아 얘기하고, 전화통 붙들고 앉아 얘기하고, 너네 집이나 우리 집에 앉아 얘기하고.
샐리	프랑스 영화에서는 계속 말만 하던데.
해리	너 프랑스어 할 수 있어?
샐리	아니.
해리	친구 두 사람이 각자 이 사람이다 싶은 사람을 만나서 사귀게 되면 친구 사이는 어떻게 되지?
샐리	계속 친구일 거야. 영원히 친구일 거야.
해리	아닌 거 같아, 샐리. 어떻게 되는지 알잖아. 누군가를 만나면 친구한테 소개해주면서 내가 두 사람을 좋아하는 만큼 두 사람도 서로 좋아하길 바라지만 그런 일은 절대 일어나지 않고, 애인은 친구가 관계를 위협하는 존재라고 생각하지. 친구와 우정을 유지하려고 애쓰지만 사실 이제는 전처럼 친구가 필요하지도 않아. 이제는 새 친구가, 대화도 하고 섹스도 할 수 있는 친구가 생겼으니까─
샐리	없던 일로 하자, 됐지?

두 사람은 마주 보고 웃는다.

해리	사랑해. 알지.

샐리   나도 사랑해.

해리   내가 '사랑해'라고 하면 그게 무슨 뜻인지 알지―

샐리   무슨 뜻인지 알아. 안다고.

　　「해리가 샐리를 만났을 때」의 촬영은 1988년 8월에 시작되었다. 내가 롭과 앤디와 첫 미팅을 하고 거의 4년 뒤였다. 그동안 나는 해리와 샐리가 서로 첫 번째 중요한 연애가 끝날 무렵부터 다음 연애를 시작할 때까지 곁에 있어주는 내용으로 초고를 썼다. 롭은 영화 「스탠 바이 미」를 만들러 가버렸다. 우리는 다시 만났고 해리와 샐리가 이어져야 한다고 결론을 내렸다. 나는 두 번째 원고를 썼다. 롭은 「프린세스 브라이드」를 만들러 가버렸다. 다음에 우리는 같이 원고를 (최소) 다섯 차례 고쳐 썼다. 처음에는 「그냥 친구」였다가 「멜랑콜리 베이비를 연주해」에서 「소년 소녀를 만나다」 「사랑의 말」 「너여야 해」 「해리, 나 샐리야」가 되었다. 제목 후보 가운데 극히 일부만 말한 거다. 보통은 '무제: 롭 라이너 프로젝트'라고 불렀다. 롭이 나이 많은 커플이 자기들이 어떻게 만났는지 말하는 장면을 삽입하자고 했다. 「어떻게 만났나」라는 제목도 최소 하루 동안은 고려 대상이었다. 그러다가 서서히, 대본이 주로 내가 쓴 것에서 다른 무언가로 바뀌어갔다.

　　내가 각본 쓰기에 관해 늘 하는 말이 있다. 각본을 쓰는 것은 거대하고 멋지고 소박한 피자, 치즈와 토마토소스만 들어간 피자를 배달하는 것하고 비슷하다. 피자를 감독에게 주면 감독이 말한다. "이 피자 마음에 들어요. 이 피자에 전념하고 싶군요. 그런데 이 피자에는 버섯이 있어야 할 것 같아요." 그러면 내가 말한다. "버섯이요! 그렇죠! 안 그래도 버섯을 넣으려고 했어요! 왜 그 생각을 못 했지? 당장 버섯을 올려요." 그러면 또 다른 사람이 와서 말한다. "나도 이 피자가 좋아요. 그런데 피망을 넣어야 해요." "좋아요. 피망이라. 바로 그거죠." 내가 이렇게 말한다. 그러면 또 다른 사람이 말한다. "안초비는?" 안초비에 대해서는 늘 논란이 있다. 다 마치고 나면, 모든 게 들어 있는 피자가 된다. 가끔은 아주 훌륭하다. 가끔은 그걸 보면서 생각한다. 피망을 이렇게 많이 넣으면 안 되는 거였는데. 처음에 왜 그렇게 말하지 않았을까? 피자에 피망을 넣지 못하게 길에 드러누웠어야 하는데.

　말이 길어졌는데 내가 하려던 말은 영화는 처음에는 작가의 손에서 시작해서 결국은 감독의 것이 된다는 것이다. 운이 좋은 각본가라면 감독의 영화를 보고 그게 내 영화이기도 하다고 느낄 것이다. 이 각본도 롭과 앤디와 함께 작업하면서 달라졌다. 괴상한 부분은 줄고 재미는 늘었다. 내 것에서 그들의 것으로 조금 바뀌었다. 내가 이 프로세스―실제로 각본가가 대체로 두들겨 맞는 이 과정을 점잖은 말로 '프로세스'라는 이름으로 부른다―를 버틸 수 있었던 것은 롭과 내가 각자 캐릭터 하나씩을 차지했기 때문이다. 영화를 만들 때 '프로세스' 단계에서는 보통 작가가 뭐라고 말하면 감독은 다르게 말하고 결국 작가로서는 타협이 최선이다. 이 영화가 다른 영화와 달랐던 점은, 롭에게 자기 생각을 말할 수 있는 캐릭터가 있었고 만약 내 의견이 다르다면 나는 샐리를 통해 말할 수 있었다는 거다.

샐리가 영화에서 한 말이 전부 내 손에서 나왔다고 말할 수 있으면 좋겠지만, 사실 제일 좋은 장면들 상당수는 우리 셋이 같이 일하기 시작한 뒤에 대본에 들어갔다. "우리가 남자에 대해 말해줬으니까." 언젠가 롭과 앤디가 말했다. "당신이 여자 이야기를 해줘요." 그래서 내가 말했다. "음, 성적 판타지에 관해 뭔가 넣을 수 있겠네요." 그러고 나서 내가 샐리의 성적 판타지에 관한 장면을 썼다. "또요?" 그들이 물었다. "음, 여자들이 자기한테 꽃을 보낼 때가 있어요. 경쟁자가 있는 것처럼 남자친구를 속이려고요." 그리고 마리가 자기한테 꽃을 주문해 보내는 장면을 썼다. "또?" 롭과 앤디가 물었다. "음. 여자는 오르가슴을 느끼는 척해요." "정말요?" "네." 한참 침묵이 흘렀다. 긴 침묵이라고 나는 기억하는데 아마 맞을 거다. "여자들 전부?" 그들이 물었다. "대부분." 내가 말했다. "그럴 때가 있어요."

며칠 뒤에 롭이 전화를 했다. 앤디와 함께 샐리가 오르가슴을 흉내내는 시퀀스를 썼는데 (그때는) 장작 받침쇠 장면이라고 불리던 장면 끝에 넣고 싶다고 했다. 롭이 전화로 읽어주었다. 마음에 들었다. 대본에 넣었다. 몇 주 뒤에 첫 번째 대본 리딩이 있었는데, 우리의 샐리가 된 멕 라이언이 샐리가 오르가슴 연기를 델리카트슨*에서 하면 어떻겠냐고 했다. 마음에 들었다. 대본에 반영했다. 우리 해리인 빌리 크리스털은 영화에 웃기는 대사들을 잔뜩 집어넣었는데, 그중 하나로 샐리의 오르가슴이 끝났을 때 여자 손님이 웨이터를 보고 이렇게 말하게 하자고 했다.

* 델리카트슨은 샌드위치, 샐러드, 햄, 치즈, 특수 재료 등을 파는 식당 혹은 상점이다.

"저 사람이 먹는 걸로 주세요." 그건 그렇고 영화에서 이 대사를 한 사람은 롭의 어머니 에스텔 라이너다. 이렇게 해서 '프로세스'가 제대로 돌아갈 때 어떻게 돌아가는가 하는 완벽한 사례가 되었다.

　　이 일을 지나치게 낙관적으로 말하고 싶지는 않다. 롭과 나는 의견이 갈렸다. 우리는 툭하면 부딪쳤다. 롭은 남자와 여자는 친구가 될 수 없다고 생각한다.

해리　　　남자와 여자는 친구가 될 수 없어요. 섹스 문제가 늘 끼어드니까.

　　나는 동의하지 않는다.

샐리　　　그렇지 않아요. 나 남자인 친구 많은데 성적인 거 전혀 없어요.

　　우리 둘 다 맞다. 이렇게 해서 「해리가 샐리를 만났을 때」가 무슨 영화냐 하는 이야기로 돌아가게 되었다. 앞에서 말했듯이 이 영화는 남자와 여자가 친구가 될 수 있느냐 없느냐 하는 이야기가 아니라, 남자와 여자는 얼마나 다른가 하는 이야기다. 진실은 남자는 여자와 친구로 지내고 싶지 않다는 것이다. 남자는 여자를 이해할 수 없다는 걸 알고 그 점에 별로 신경 쓰지도 않는다. 남자는 여자를 연인으로, 아내로, 엄마로 원하지 친구 삼는 데는 사실 관심이 없다. 친구는 있으니까. 친구는 남자들이다. 그리고 남자인 친구들끼리 스포츠 이야기를 하고 그밖에 또 무슨 이야기를 하는지 나로서는 모르겠다.

반면에 여자는 남자와 친구가 되고 싶다. 여자는 남자를 이해하지 못한다는 걸 알고 그게 신경이 쓰인다. 남자와 친구가 될 수만 있다면 남자를 이해할 수 있을 것이고, 그뿐 아니라 (이게 여자들의 가장 중대한 오판이다) 그게 유용할 거라고 생각한다. 여자는 남자를 이해할 수만 있으면 뭔가 할 수 있을 거라고 생각한다. 여자들은 항상 뭔가 하려고 애쓴다. 이 전제에 기반한 산업이 있을 정도다. 가장 뚜렷한 예가 여성 잡지인데, 수백 종의 여성 잡지가 있고 아마 가장 낙후된 오지에도 다섯 종은 있을 것이다. 여성 잡지는 여자가 남자의 관심을 끌기 위해 무언가를 할 수 있다는 관념을 바탕으로 한다. 완벽한 스테이크 요리를 하거나, 완벽한 스커트를 입거나, 무릎 안쪽에 향수를 살짝 바르거나. "걸을 때 허벅지가 살짝 닿게 걸으세요." 누군가가 『코스모폴리탄』에 이렇게 썼다. "나일론이 버석거리는 소리는 미치게 하는 효과가 있습니다."

「해리가 샐리를 만났을 때」 같은 영화가 개봉하면 사람들이 질문을 하기 마련이다. 잠깐 몇 주 동안은 전문가가 된다. 매우 현명한 사람처럼 보인다. 뭘 하는 건지 내내 잘 알고 있었던 것 같은 인상을 풍긴다. 친구, 연애 가능성, 남자와 여자의 차이에 관해 전문가가 되기도 한다. 하지만 사실 정작 영화 작업을 할 때는 우리는 남자와 여자 사이의 차이에 관한 영화를 만들고 있어, 하는 생각을 하면서 만들지는 않는다. 그 주제이든 아니면 뭐가 되었든 간에. 그냥 만들 뿐이다. 이 장면은 괜찮은데, 이건 아니야, 이렇게 말한다. 이건 좋은데, 이건 더 재밌게 할 수 있을 거야, 이렇게 말한다. 여긴 좀 지루한데, 어떻게 하면 속도를 높이지? 이렇게 말한다. 이 장면은 길고, 이 장면에서는 이야기가 진행이 안 되고, 여기는 뭔가 포인트가 있어야 해. 이렇게 말한다.

그러고 나서 가서 영화를 찍고 편집하고 가끔은 만족스러운 영화가 나온다. 내 경험상 그런 일은 매우 드물다. 어쩌다 한 번(Once in a blue moon). 「블루 문」이라는 제목도 1, 2분 정도 고려해봤다. 이 이야기를 하는 까닭은 만족스러운 영화라고 하더라도 무언가 ─이 경우에는 제목─ 바꾸고 싶은 부분이 반드시 있다는 말을 하고 싶어서다. 하지만 뭐 됐다.

FADE IN:

#다큐멘터리 영상

나이 많은 남녀 커플. 2인용 의자에 카메라를 똑바로 보고 앉아 있다.

남자   내 친구 아서 콘블럼이랑 식당에 앉아 있었는데, 혼 앤드 하다트 카페테리아였어요, 그런데 이 아름다운 여자가 걸어 들어오는 거예요− (남자가 옆에 있는 여자를 가리킨다) −그때 아서한테 말했죠. "아서, 저 여자 보여? 나 저 여자하고 결혼할 거야." 그리고 2주 뒤에 결혼했어요. 그 뒤로 50년이 넘었고 아직도 잘 살고 있죠.

FADE OUT.

FADE IN:

#실외. 시카고 대학 캠퍼스−낮

자막: 시카고 대학 −1977년

부둥켜안고 있는 커플.

포옹 중인 남자는 해리 번스. 스물여섯 살이고 로스쿨을 막 졸업했다.

청바지와 티셔츠 차림.

아만다라는 여자와 키스하고 있다.

아만다는 고데기로 편 긴 생머리에 나이는 스무 살 정도다.

포옹이 멜로드라마틱하다. 몸을 떼고 마주 본다.

아만다   사랑해.

해리   사랑해.

다시 키스한다.

차가 두 사람 바로 옆으로 온다. 차가 멈춘다. 그 자리에 선다.

운전대를 잡은 사람은 샐리 올브라이트. 스물한 살이다.

무척 예쁘지만 눈에 띄게 꾸민 모습은 아니다.

샐리는 그들의 키스가 끝나기를 기다린다. 끝나지 않는다.

샐리가 헛기침을 한다.

아만다가 샐리를 보고 두 사람이 차로 다가간다.

아만다   아. 안녕, 샐리. 샐리, 해리 번스야. 해리, 얘는 샐리 올브
             라이트야.

해리   반가워요.

두 사람이 악수한다.

샐리   (해리에게) 먼저 운전할래요?

해리　　아뇨, 아뇨. 운전석에 탔으니 먼저 하세요.

샐리　　트렁크 열려 있어요.

해리는 그윽한 눈빛으로 아만다를 본다.

그러더니 차 뒤쪽에 짐을 싣기 시작한다―더플백, 레코드 상자.

샐리의 짐도 거기 있다―여행 가방, 스테레오 스피커, 기타, 책 상자, 미니 TV.

아만다　　전화해.

해리　　도착하자마자 전화할게.

아만다　　가는 길에 전화해.

해리　　그 전에 전화할게.

해리와 아만다가 차 밖에서 간절한 눈빛을 주고받는다.

아만다　　사랑해.

해리　　사랑해.

다시 키스한다.

샐리는 앉아서 기다린다. 자세를 바꾸다가 우연히 혹은 일부러 경적을 누르고 그 소리에 아만다와 해리는 놀라서 포옹을 푼다.

샐리	미안.
해리	벌써 보고 싶어.
아만다	나도 보고 싶어.
해리	안녕.

해리가 차에 타고 아만다는 차가 멀어지는 것을 본다.

CUT TO:
#실내. 차―낮
해리가 포도 한 송이를 꺼내 먹기 시작한다.

샐리	내가 계획을 짰났어요. 열여덟 시간 가야 하니까, 여섯으로 나눠서 세 시간씩 운전하면 돼요. 아니면 거리로 나눠도 되고요. 선바이저 안에 지도 있는데 교대할 지점을 표시해놨어요.
해리	(포도를 내밀며) 포도 먹을래요?
샐리	아뇨. 난 간식은 안 먹어요.

해리가 창문 쪽으로 씨를 뱉는데 창문이 닫혀 있다.

해리	창문 열게요.

한참 침묵.

해리   (계속) 살아온 얘기나 하지 그래요?

샐리   내가 살아온 얘기요?

해리   뉴욕까지 열여덟 시간을 가야 하잖아요.

샐리   내가 산 얘기는 시카고를 벗어나기도 전에 끝날걸요. 지금까지 별일이 없었어요. 그래서 뉴욕으로 가는 거고요.

해리   무슨 일이 일어나라고요?

샐리   네.

해리   예를 들면?

샐리   예를 들면 언론대학원에 가서 기자가 될 거예요.

해리   다른 사람한테 일어난 일에 관해 쓰려고요?

샐리   (한 박자 뒤) 그렇게 볼 수도 있겠죠.

해리   아무 일도 일어나지 않는다고 생각해봐요. 거기 평생 사는데 아무 일도 안 일어난다면요. 아무도 못 만나고, 아무것도 못 이루고, 결국에는 고독사했는데 2주가 지나서 썩은 냄새가 복도로 새어 나올 때까지 아무도 모른다면요.

샐리가 해리를 쳐다본다. 이런 인간하고 한 차를 타고 가야 하는 거야? 샐리는 도로로 눈을 돌린다.

#실외. 차-트래킹 숏-낮

차가 고속도로로 들어간다.

샐리   (V.O.) 아만다가 그쪽한테 어두운 면이 있다더니.

해리   그래서 나한테 끌린 거죠.

샐리   어두운 면에요?

해리   그럼요. 왜요? 그쪽은 어두운 면이 없어요? 'i'자 위에
        점 대신 하트를 그려 넣는 해맑은 타입인가 봐요.

샐리   (변명하듯) 나도 누구 못지않게 어두운 면 있어요!

해리   (만족스러운듯) 아 그래요? 나는 책을 사면 맨 마지막
        장부터 읽어요. 그러면 다 읽기 전에 죽더라도 결말은 알
        고 죽을 테니까. 그런 걸 어두운 면이라고 하는 거예요.

샐리   (짜증이 나서) 그런다고 해서 심오한 사람이 되는 건 아
        녜요. 그래요, 난 기본적으로 밝은 사람이에요….

해리   (쾌활하게) 나도요.

샐리   … 그렇다고 해서 그게 뭐가 문제인지 모르겠어요.

해리   당연히 모르죠. 행복해하느라 너무 바쁘니까. 죽음에 대
        해 생각해본 적 있어요?

샐리   네.

해리   퍽이나. 머릿속 꼭대기 창에서 언뜻 스치고 지나간 정도
        겠죠. 나는 몇 시간씩, 며칠씩—

샐리   (말을 끊으며) —그래서 본인이 더 나은 사람이라고 생각
        하는 거예요?

해리	내 말은, 뭔가 일이 일어났을 때 나는 준비가 되어 있고 당신은 안 되어 있다는 거죠.
샐리	그런 한편 당신은 그걸 기다리느라 평생을 망치겠죠.

DISSOLVE:

#실외. 차−낮

차가 아름답게 뻗은 고속도로로 달려간다.

샐리	(V.O.) 당신이 틀렸어요.
해리	(V.O.) 안 틀렸어요.
샐리	(V.O.) 틀렸어요.
해리	(V.O.) 그 남자는 여자가 떠나길 바랐어요. 그래서 비행기에 태운 거예요.
샐리	(V.O.) 여자가 남길 바란 것 같진 않은데요.
해리	(V.O.) 여자는 당연히 남고 싶었죠. 그 다른 남자보다야 험프리 보가트*와 살고 싶지 않겠어요?

#실외. 차가 도로에서 나온다(산업단지)−신비한 황혼 시간대

#실외. 식당−밤

샐리의 차가 정유 탱크 근처에서 돌아 식당 주차장으로 들어온다.

* 영화 「카사블랑카」의 남자 주인공. 여자 주인공은 잉그리드 버그먼이다.

샐리   (V.O.) 나는 술집을 운영하는 남자와 결혼해서 카사블랑
         카에서 평생을 보내고 싶진 않아요. 나더러 가식적이라
         고 하겠지만, 난 그래요.

차가 50년대 스타일의 식당 앞에 멈춘다. 해리가 운전대를 잡고 있다.

해리   (V.O.) 열정 없는 결혼을 하겠다고─
샐리   (V.O.) ─체코슬로바키아의 퍼스트레이디가 되는데요.
해리   (V.O.) 그 남자를 버리고…

#실내. 차─밤

해리   … 평생 최고의 섹스를 했던 남자를, 술집을 하는 별 볼
         일 없는 사람이란 이유로.
샐리   그럼요, 제정신 박힌 여자라면 당연히. 여자들은 현실적
         이에요.

샐리가 헤어스프레이를 꺼내서 머리에 뿌린다.

샐리   (계속) 잉그리드 버그먼도 마찬가지죠. 그래서 영화 끝
         부분에서 비행기에 타는 거예요.

실외. 식당 주차장-밤

해리   (차에서 내리며) 아, 알겠어요.
샐리   (차에서 내리며) 뭘? 뭐요?
해리   아무것도 아녜요.

해리가 식당으로 간다. 샐리가 뒤따라간다.

샐리   뭐요?
해리   신경 쓰지 마요.
샐리   뭘요? 예? 뭘 신경 쓰지 말아요?

해리는 대답하지 않고 식당 계단으로 올라가고 샐리는 따라간다.

샐리   (계속) 말해봐요.
해리   끝내주는 섹스 못 해봤죠?

해리가 식당 안으로 들어간다. 샐리가 따라간다.

실내. 식당-밤

해리   (식당 주인에게) 두 명이요.

샐리   아뇨, 해봤어요.

해리   아니, 못 해봤어요.

해리가 샐리를 지나쳐 테이블로 간다.

샐리   우연찮게도 난 멋진 섹스를 아주 많이 했다고요.

식당 주인과 다른 손님들이 그 소리를 듣는다.

샐리가 테이블로 가서 자리에 앉는다.

해리   누구랑?

샐리   뭘요?

해리   그 멋진 섹스를 누구랑 했냐고요?

샐리   (당황하며) 말 안 할 거예요.

해리   좋아요. 말하지 마요.

긴 침묵. 해리가 메뉴를 본다. 샐리도 메뉴를 펴지만 보지는 않는다.

샐리   셸 고든.

해리   셸. 셸던? 그럴 리가. 셸던하고 멋진 섹스를 했을 리가.

샐리   했다고요.

해리   아니, 안 했어요. 셸던은 세금 처리를 해줄 수 있죠. 신경

치료면 셸든이 잘할 수 있지만, 찌르고 미는 건 셸든의 장기가 아녜요. 이름을 봐요. "이렇게 해줘, 셸든." "당신 짐승이야, 셸든." "올라와, 대물 셸든." 이상하잖아요.

웨이트리스가 테이블로 온다.

웨이트리스   주문하시겠어요?

해리   3번으로 할게요.

웨이트리스가 샐리를 본다.

샐리   저는 셰프 샐러드요. 오일과 식초는 따로 주시고요. 그리고 애플파이 알라모드요.

웨이트리스   (적으며) 셰프하고 애플 알라모드.

샐리   그런데 파이는 데워주시고요, 아이스크림은 위에 얹지 말고 따로 주세요. 바닐라 말고 딸기 아이스크림 있으면 그걸로 주세요. 딸기가 없으면 아이스크림 대신 휘핑크림을 먹을게요. 진짜 크림이어야 돼요. 캔에서 짜주는 거면 그냥 주지 마세요.

웨이트리스   그럼 파이도 안 먹어요?

샐리   아뇨, 파이만요. 그 경우에는 데우지 말고 주세요.

웨이트리스는 가고 해리는 믿기지 않는다는 표정으로 샐리를 본다.

샐리   (계속) 왜요?

해리   아녜요. 아녜요. 그래서 어쩌다 셸든하고 헤어졌어요?

샐리   헤어졌는지 어쨌는지 어떻게 알아요?

해리   안 헤어졌으면 나하고 만나고 있을 게 아니라 대물 셸든
       하고 같이 있었겠죠.

샐리   일단 첫째로 우리는 만나는 게 아니고요. 둘째로 왜 헤어
       졌건 당신이 알 바가 아녜요.

해리   맞아요, 맞아요. 알고 싶지 않아요.

잠시 뒤.

샐리   흠, 정 알고 싶다면요, 그 사람 질투심이 심한데 내가 요
       일 팬티를 입어서 그렇게 됐어요.

해리   (버저 소리를 낸다) 미안한데, 그 부분에는 판사의 판결
       이 필요하겠는데요. 요일 팬티요?

샐리   네. 팬티에 요일이 적혀 있는 건데 재밌다고 생각했어요.
       그런데 셸든이 어느 날 이러더라고요. "일요일 입은 건
       못 봤어." 그러더니 의심하는 거예요. 일요일은 어디 있
       어? 일요일은 어디다 벗어 놨어? 내가 말했지만 믿질 않
       았어요.

해리	뭔데요?
샐리	일요일은 원래 안 만들어요.
해리	왜요?
샐리	하느님 때문에요.

DISSOLVE:

#실외. 식당—밤—재설정 숏

#실내. 식당—밤

식사를 마쳤다. 샐리가 자기가 낼 돈을 계산한다.

샐리	내 몫의 15퍼센트는… (적는다) 6달러 90… 7달러 낼게 요….

샐리는 해리가 자기를 빤히 보는 걸 알아 차린다.

샐리	(계속) (얼굴에 뭐가 묻었다고 생각하고 초조한 듯 닦는 다) 왜요? 얼굴에 뭐 묻었어요?
해리	당신 무척 매력 있네요.
샐리	고마워요.
해리	아만다는 당신이 매력 있단 말은 안 했어요.
샐리	흠, 아만다는 그렇게 생각하지 않나 보죠.

해리   그건 주관적인 문제가 아닌데요. 실증적으로 매력 있어요.

두 사람은 자리에서 일어선다.

샐리   아만다는 내 친구예요.

해리가 구겨진 지폐를 던지고 두 사람은 문을 향해 간다.

해리   그래서요?
샐리   둘이 사귀는 사이고요.
해리   그래서요?
샐리   그런데 나한테 집적대잖아요.

#실외. 식당−밤

해리   (문에서 나오며) 아니, 안 그랬어요.

샐리가 빤히 본다.

해리   (계속) 왜요? 남자가 여자한테 아무 뜻 없이 매력 있단
            말도 못 해요?

해리는 운전석 쪽으로 가고 샐리는 조수석 문을 연다.

해리　　　（계속）알았어요, 알았어요.

두 사람이 차 앞에서 맞닥뜨린다. 샐리는 화를 내며 멀어진다.

해리　　　（계속）그래요, 그럼 집적댄 거라고 해두죠. 알았어요. 내가 어쩌길 바라요? 취소할게요. 됐어요? 취소할게요.

샐리　　　취소 못 해요.

해리　　　왜요?

샐리　　　이미 입 밖으로 나왔으니까요.

어색한 침묵.

해리　　　아, 이런. 그럼 어떻게 할까요? 경찰 불러요? 밖으로 나왔어요!

샐리　　　관두죠. 네?

해리　　　좋아요! 관두자. 그게 내 신조죠. 내가 늘 하는 말이에요.

두 사람이 차에 탄다.

#실내. 차-밤

해리	관두자. (한 박자 뒤) 모텔로 가서 잘래요?

샐리가 노려본다.

해리	(계속) 내가 어떻게 했는지 봤어요? 관두지 않았어요.
샐리	해리.
해리	관두겠다고 했지만 안 그랬죠.
샐리	해리.
해리	한술 더 떴죠.
샐리	해리.
해리	왜요?
샐리	우리 그냥 친구로 지내요. 알겠어요?
해리	좋아요. 친구. 최고죠.

차가 출발해서 주차장을 나간다.

CUT TO:
#실외. 고속도로-밤
차가 달리고 목소리가 들린다

해리	(V.O.) 당연히 알겠지만 우린 절대 친구가 못 돼요.
샐리	(V.O.) 왜요?

#실내. 차—밤

샐리가 운전한다.

해리	내 말은, 이건 절대로 집적대는 게 아닌데, 남자와 여자는 친구가 될 수 없어요. 섹스 문제가 늘 끼어드니까.
샐리	그렇지 않아요. 나 남자인 친구 많은데 성적인 거 전혀 없어요.
해리	그럴 리가.
샐리	그렇다니까.
해리	아니에요.
샐리	그렇다니까요.
해리	그렇다고 생각하는 거겠죠.
샐리	내가 나도 모르는 사이에 그 친구들하고 섹스를 하고 있다는 거예요?
해리	아뇨. 내 말은 그 친구들은 다 당신하고 섹스하고 싶어 한다는 거예요.
샐리	아녜요.
해리	맞아요.
샐리	아녜요.
해리	맞아요.
샐리	어떻게 알아요?
해리	왜냐하면 남자는 매력을 느끼는 여자하고는 절대 친구

	가 될 수 없으니까요. 늘 섹스를 하고 싶어 하죠.
샐리	그러니까 그 말은 매력을 느끼지 않는 여자와는 친구가 될 수 있다는 거잖아요.
해리	아니죠. 그 경우라도 자고 싶은 건 마찬가지라.
샐리	여자 쪽은 섹스를 하고 싶어 하지 않는다면요?
해리	상관없죠. 섹스 문제가 이미 밖으로 나왔고, 그러니 우정은 물 건너갔고, 그걸로 끝인 거죠.
샐리	허, 그럼 우린 친구가 못 되겠네요.
해리	그러네요.
샐리	아쉽네요. (한 박자 뒤) 뉴욕에서 유일하게 아는 사람인데.

DISSOLVE:

#실외. 뉴욕 스카이라인—새벽

차가 조지 워싱턴 다리를 건너간다. 화창한 날.

DISSOLVE:

#실외. 뉴욕의 거리—낮

워싱턴 스퀘어 근처 시내.

차가 멈추자 해리가 차에서 내려 짐을 꺼낸다. 샐리도 차 뒤로 간다.

해리	태워줘서 고마워요.
샐리	네. 재밌었어요.

해리   알게 돼서 좋았어요.

샐리   네.

샐리가 고개를 끄덕인다. 해리도 끄덕인다. 어색한 순간.

샐리가 손을 내민다. 악수를 한다.

샐리   (계속) 그럼 잘 사세요.

해리   당신도요.

해리가 걸어간다.

샐리는 차를 타고 떠난다.

FADE OUT.

FADE IN:

#다큐멘터리 영상

또 다른 나이 든 커플이 앞에 나왔던 의자에 앉아 있다.

두 번째 여자 고등학교 때 서로 좋아했어요−

두 번째 남자 네, 고등학교 커플이었죠.

두 번째 여자 그러다가 2학년 마치고 이 사람 집이 이사 갔어요.

두 번째 남자 전 이 사람을 한 번도 잊지 않았어요.

두 번째 여자 절 한 번도 안 잊었대요.

두 번째 남자 얼굴이 뇌리에 새겨졌어요. 34년 뒤에 브로드웨이를 걷
             는데 이 사람이 토피네티 식당에서 나오는 거예요.

두 번째 여자 우리가 딱 마주쳤는데, 헤어진 뒤로 단 하루도 안 지난
             거 같더라고요.

두 번째 남자 열여섯 살 때하고 똑같이 아름다웠어요.

두 번째 여자 그때하고 똑같았어요. 하나도 안 변했더라고요.

FADE OUT.

FADE IN:

#실내. 라과디아 공항-낮

5년 뒤.

커플이 부둥켜안고 있다.

여자는 스물여섯 살의 샐리. 세련되고 멋진 젊은 여성이다.

샐리는 매우 멋진 남자와 키스를 하고 있다. 지금은 얼굴은 잘 안 보이지만. 그의 이름은 조.

해리가 항공사 터미널 복도를 따라 이쪽으로 온다. 양복과 타이, 트렌치코트 차림이다. 멋지지만 조금 흐트러진 매무새다. 해리가 키스하는 커플을 본다. 지나친다. 그러다 멈춘다. 뒤돌아 온다. 둘을 알아본다.

둘은 계속 키스한다.

해리가 가까이 와서 두 사람을 지나치게 가까운 거리에서 들여다본다. 두 사람 다 얼굴은 잘 안 보인다.

마침내 샐리와 조가 옆에 누가 있는 걸 알아차리고 키스를 중단하고 해리를 본다.

해리	조, 당신인 줄 알았어요. 꼭 그런 거 같더라고요! (악수한다) 해리 번스요.
조	해리, 해리, 잘 지냈어요?
해리	네. 잘 지냈어요?
조	잘 지내요. 잘 지내요.
해리	그냥 지나가다가, 당신인 거 같길래, 정말 그러네요. 맞네요.

조   네, 네. 그러네요.

해리   지금도 지방검사 사무실에 있어요?

조   아뇨, 다른 쪽으로 넘어갔어요.

해리   아.

조   당신은요?

해리   정치 컨설팅하는 작은 회사에서 일해요.

조   아, 그래요?

해리   네, 아주 좋아요. 네.

조가 고개를 끄덕인다. 해리가 고개를 끄덕인다. 어색한 침묵. 샐리는 해리가 자기를 기억하는지 어쩐지 확신하지 못하고 그냥 서 있다.

조   아, 해리, 여기는 샐리 올브라이트에요. 해리 번스고.

해리가 고개를 끄덕이며 웃는다.

조   (계속) 나하고 같은 건물에 살았었어.

샐리가 고개를 끄덕인다. 해리는 샐리를 만난 적이 있다는 건 알지만 어디서 봤는지 기억을 못한다.

해리   아, 저, 비행기를 타야 해서. 만나서 반가웠어요, 조.

조	나도요, 해리.
해리	(샐리에게) 안녕히 가세요.

해리가 비행기를 타러 긴 복도를 따라간다. 조와 샐리가 마주 본다.

샐리	다행히 날 못 알아보네. 5년 전에 학교에서 뉴욕까지 같이 차를 타고 왔는데 내 평생 가장 긴 밤이었다고.
조	무슨 일이 있었는데?
샐리	나한테 추근댔는데, 내가 딱 자르니까―그때 내 친구하고 사귀는 중이었거든―아 이런, 걔 이름이 생각이 안 나네. 나랑 엮이면 안 돼, 조. 나 이제 겨우 스물여섯 살인데 그 남친하고 엮일 순 없다고 할 만큼 친했던 친구 이름도 생각이 안 나.
조	그래서 어떻게 됐는데?
샐리	언제?
조	저 사람이 추근대고 자기가 싫다고 했을 때.
샐리	어… 난 그냥 친구로 지내자고 했는데… 이건 기억난다! 저 사람이 남자하고 여자는 친구가 될 수 없다고 했어.

조가 웃으며 고개를 흔든다.

| 샐리 | (계속) 자기도 그렇게 생각해? |

조	아니.
샐리	자기도 여자인 친구 있어? 그냥 친구인 친구?
조	없어. 하지만 그게 자기한테 중요하다면 하나 만들지.

샐리가 웃는다. 두 사람이 키스하려고 몸이 가까워진다. 샐리가 갑자기 물러선다.

샐리	아만다 리스. 세상에.
조	보고 싶을 거야. (한 박자 뒤) 사랑해.
샐리	(조가 이 말을 한 건 처음이다) 정말이야?
조	응.
샐리	나도 사랑해.

키스한다.

CUT TO:

#실내. 비행기─낮

비행기는 뉴욕에서 워싱턴으로 비행하는 중이다.

전체 이코노미석 비행기인데 만석이고 샐리는 가운데 좌석에 앉아 있다.

무릎에 『뉴욕 타임스』를 올려두었지만 허공을 보며 얼굴에 살짝 미소를 짓고 있다.

샐리 옆 통로 좌석에 남자가 있다.

샐리의 뒤쪽 열 통로 좌석에는 해리가 앉아 있다. 해리가 머리를 내민다. 샐리가 신문을 읽기 시작한다. 통로 좌석 남자가 해리를 쳐다보는데 해리는 여전히 목을 죽 뽑고 샐리를 어디에서 봤는지 생각해내려고 한다. 해리의 머리가 다시 내려간다.

승무원이 음료 카트를 밀고 다가온다.

승무원   음료 드시겠어요?
샐리   블러디 메리 믹스 있나요?
승무원   네.

음료를 따르려 한다.

샐리   아, 잠깐만요. 이렇게 주세요. 토마토 주스를 4분의 3 정도 채우고요, 블러디 메리 믹스를 조금만, 아주 조금만 넣고요…

해리의 머리가 다시 올라온다.

샐리   (계속) … 라임 한 조각을 따로 주세요.
해리   시카고 대학이죠, 그쵸?

샐리가 고개를 돌려 해리를 봤다가 다시 고개를 돌린다.

샐리	네.
해리	시카고 대학 다닐 때도 이렇게 예뻤나요?
샐리	아뇨.
해리	(장난스럽게) 우리가 한 적이—?
샐리	(기가 찬다는 듯 웃으며) 없어요. 아녜요! (복도 좌석 남자에게) 졸업하고 시카고에서 뉴욕까지 같이 차를 타고 왔었어요.

통로 좌석 남자가 전부 보고 듣고 있다.

통로 좌석 남자	(해리에게) 두 분 같이 앉으실래요?
샐리	아뇨.
해리	좋아요! 고맙습니다.

해리와 복도 좌석 남자가 자리를 바꾸어 해리가 샐리 옆에 앉는다.

해리	(계속) 당신 친구가… 어….

이름이 생각 안 난다.

샐리	아만다요. 어떻게 이름도 기억 못 해요.
해리	무슨 소리예요? 기억해요. 아만다. 맞죠? 아만다 라이스.

샐리	리스요.
해리	리스, 그래요. 내 말이 그 말이었어요. 아만다는 어떻게 됐죠?
샐리	몰라요.
해리	모른다고요? 그렇게 친했으면서. 둘이 절친이라서 우리가 안 된 거잖아요.
샐리	둘이 사귀는 사이였잖아요.
해리	그럴 가치가 있었나요? 연락도 안 하고 지낼 친구를 위해 그런 희생을 한 거예요?
샐리	해리, 안 믿겠지만 당신하고 자지 않은 걸 희생이라고 생각한 적 없어요.
해리	알았어요, 알았어요.

잠시 뒤.

해리	(계속) 체조 선수가 될 거라고 했죠.
샐리	기자요.
해리	그래요, 내 말이 그 말이에요. 어떻게 됐어요?
샐리	기자예요. 『더 뉴스』에서 일해요.
해리	잘됐네요. 조하고 사귀고요.

샐리가 고개를 끄덕인다.

해리	(계속) 아, 잘됐네요. 잘됐어요. 두 사람이 만난 지… 한 3주 됐어요?
샐리	한 달이요. 어떻게 알았어요?
해리	공항에 배웅 나온다는 건 연애가 막 시작됐다는 뜻이죠. 그래서 난 연애 초반에 절대 공항으로 배웅 안 나가요.
샐리	왜요?
해리	왜냐하면 언젠가는 마음이 식을 테고 그때는 공항에 안 데려다주면 "왜 이제는 공항에 배웅하러 안 나와?"라고 할 텐데 그게 싫은 거죠.
샐리	대단하네요. 당신은 정상적인 사람처럼 보이는데, 사실은 죽음의 천사예요.
해리	조하고 결혼할 거예요?
샐리	안 지 한 달밖에 안 됐고요, 우리 둘 다 지금 당장은 결혼할 마음이 없어요.
해리	난 결혼해요.
샐리	당신이요?
해리	(무덤덤하게) 으응.
샐리	정말?
해리	네.
샐리	누구랑요?
해리	헬렌 힐슨. 변호사예요. 결혼해도 이름 안 바꿀 거예요.
샐리	(고개를 흔든다) 당신이 결혼한다고요.

샐리가 웃음을 터뜨린다.

해리   네. 뭐가 그렇게 웃겨요?

샐리   당신 정말 낙관적이네요.

해리   흠, 사랑에 빠지면 어떻게 되는지, 알면 당신도 놀랄걸요.

샐리   와, 놀랍네요. 당신이 삶을 이렇게 받아들이다니 보기 좋네요.

해리   네, 게다가, 알겠지만 이 모든 게 다 지겨워지는 때가 오기 마련이라.

샐리   이 모든 거요?

해리   총각으로 사는 삶이요. 누군가를 만나서, 부담 없이 점심 먹고, 서로 마음에 들면 저녁 먹고, 다음에 춤추러 가서, 백인 남자들이 잘하는 이런 표정을 짓고, 여자 집으로 가서, 섹스하고, 끝나자마자 어떤 생각이 드는지 알아요? (샐리가 고개를 절레절레 흔든다) 얼마나 더 안고 있어야 집에 갈 수 있을까? 30초면 충분할까?

샐리   그런 생각을 한다고요? 그게 정말이에요?

해리   그럼요. 남자들은 다 그래요. 당신은 끝난 다음에 얼마나 오래 안겨 있고 싶어요? 밤새도록? 맞죠? 봐요, 그게 문제예요. 30초와 밤새도록 사이의 차이가 문제라고요.

샐리   나는 문제없어요.

해리   그럴 리가요.

CUT TO:

#실외. 국내선 공항-낮

비행기가 착륙한다.

#실내. 국내선 공항-낮

해리와 샐리는 무빙워크 위에 있는데 해리가 샐리보다 몇 걸음 뒤에 있다. 해리가 다른 승객들 사이를 비집고 나와 샐리 옆에 선다.

해리	오늘 자고 가요?
샐리	네.
해리	저녁 같이 먹을래요?

샐리는 미심쩍은 눈으로 해리를 본다.

해리	(계속) 그냥 친구로요.
샐리	남자와 여자는 친구가 될 수 없다고 했던 것 같은데요.
해리	내가 언제 그랬어요?
샐리	뉴욕으로 차 타고 오는 길에.
해리	아니, 아니, 아니야. 그런 말 한 적 없어요. (다시 생각해 본다) 네, 맞아요. 친구가 될 수 없죠… (머리를 굴린다) … 두 사람 다 각자 만나는 사람이 있지 않은 한은. 그런 경우라면 가능해요. 그게 원래 원칙의 수정 조항이에요.

만나는 사람이 있을 경우, 서로 엮일 가능성에 대한 압박이 사라지죠. (생각해본다) 그것도 안 되겠네요. 왜냐하면 그런 일이 일어나면, 애인이 그냥 친구인 사람하고 대체 왜 친구를 해야 하느냐, 우리 사이에 뭔가 부족한 게 있어서 다른 데서 얻으려고 하는 거냐고 할 테니까. 그럼 이렇게 말하겠죠. "아냐, 아냐, 아냐, 그런 게 아냐. 우리 사이에는 아무것도 부족한 게 없어." 그러면 애인이 그렇다면 그냥 친구 사이라는 상대한테 알게 모르게 끌리는 것 아니냐고 따질 텐데, 그건 사실이긴 하고… 내 말은, 아니 돌려 말할 거 없이 솔직하게 말하죠. 그러니까, 수정조항 이전의 원래 원칙으로 돌아갈 수밖에 없네요. 남자와 여자는 친구가 될 수 없다는. 그럼 이제 어쩌죠?

샐리	해리.
해리	네?
샐리	잘 가요.
해리	알았어요.

두 사람은 마주 본다. 서로 작별 인사를 하고도 움직이는 무빙워크 위에서 여전히 같은 방향으로 나란히 걸어가는 어색한 상황이다.
잠시 뒤.

해리   (계속) 난 여기서 멈출게요. 먼저 가세요.

FADE OUT.

FADE IN:

#다큐멘터리 영상

또 다른 나이 많은 커플이 2인용 소파에 앉아 카메라를 본다.

세 번째 남자 우리는 40년 전에 결혼했어요. 3년 동안 같이 살았죠. 그
러다 이혼했고요. 다음에 나는 마저리와 결혼했어요.

세 번째 여자 처음엔 바버라랑 살았잖아.

세 번째 남자 맞아. 바버라. 그런데 결혼은 안 했어요. 결혼은 마저리
하고 했지.

세 번째 여자 그러고 이혼했죠.

세 번째 남자 맞아요. 다음에 케이티하고 결혼했어요.

세 번째 여자 또 이혼했지.

세 번째 남자 그러고 몇 년 뒤에 에디 칼리초의 장례식에서 이 사람을
만난 거예요. 나는 누군지 기억 안 나는 다른 여자하고
같이 갔었는데.

세 번째 여자 로버타.

세 번째 남자 맞아, 로버타. 하지만 당신한테서 눈을 뗄 수가 없었지.
(한 박자 뒤) 내가 기억하기에 슬쩍 옆으로 가서 말을 걸
었는데―내가 뭐라고 했지?

세 번째 여자 *"끝나고 뭐 해?"라고 했어.*

세 번째 남자 맞아. 그래서 로버타를 버리고 같이 커피를 마시러 갔고 한 달 뒤에 결혼했죠.

세 번째 여자 우리가 첫 번째 결혼식을 올렸던 바로 그날에, *35년 뒤에* 다시 결혼했어요.

FADE OUT.

#실외. 바깥 경치가 보이는 뉴욕 레스토랑—낮

5년 뒤.

샐리가 마리와 앨리스와 같이 앉아 있다. 마리는 짙은 색 머리카락, 짙은 색 눈의 미인이다. 앨리스는 귀엽고 통통하고 기혼이다.

마리 그래서 내가 그 사람 주머니를 뒤져 본 거야.

앨리스 마리, 왜 주머니를 뒤지는 거야?

마리 뭐가 나왔는지 알아?

앨리스 뭔데?

마리 둘이 식탁을 산 거야. 둘이 같이 나가서 1,600달러를 주고 식탁을 샀다고.

앨리스 어디서?

마리 어디서 샀는지가 중요한 게 아니야. 중요한 건, 둘이 안 헤어질 거라는 거지.

앨리스 그걸 몰랐다는 거야? 2년 전부터 알았잖아.

마리	(시무룩하게) 맞아, 네 말 맞아. 맞다는 거 알아.
앨리스	유부남 아닌 사람 만나면 안 돼? 나 싱글일 때 괜찮은 싱글 남자 많이 알았는데. 누군가 있을 거야. 샐리는 만났잖아.
마리	마지막 남은 괜찮은 사람을 샐리가 차지했어.
샐리	(무덤덤하게) 조하고 헤어졌어.
앨리스	뭐?
마리	언제?
샐리	월요일에.
앨리스	우리한테 사흘이나 지나서 얘길 해?
마리	그럼 조 지금 싱글이야?
앨리스	제발, 마리. 지금 그런 소리 할 때야? 샐리 기분이 어떻겠어.
샐리	나 아무렇지도 않아. 사이가 벌어진 지 꽤 됐어.
마리	(충격받으며) 하지만 너흰 커플이었잖아. 같이 놀러 다니고. 공휴일에도 데이트하고.
샐리	나 자신한테 이렇게 말했어. 이보다 나은 사람 만날 수 있어, 지금 서른한 살이고—
마리	—시간은 재깍재깍 흘러가고.
샐리	아냐, 진짜로 시계가 가기 시작하는 건 서른여섯 살부터야.
앨리스	와. 너 정말 멀쩡해 보여.
샐리	흠, 익숙해지는 데 며칠 걸렸는데 지금은 괜찮아.
마리	좋아. 그럼 준비가 됐네.

마리가 가방에서 롤로덱스*를 꺼내서 훑어보기 시작한다.

앨리스   (경악) 마리, 좀!

마리   아니면 어떤 방법이 있는데?

마리는 롤로덱스를 넘겨 보다가 연락처 카드 한 장을 꺼낸다.

마리   (계속) 완벽한 남자 찾았다. 내 타입은 아닌데 넌 좋아할
지도 몰라. (앨리스에게, 샐리를 가리키며) 쟤는 턱에 까
다롭지 않으니까.

샐리   마리, 나 아직 생각 없어.

마리   이미 극복했다고 했잖아.

샐리   극복했어. 하지만 아직 애도기라. (한박자 뒤) 누군데?

마리   앨릭스 앤더슨.

샐리   네가 6년 전에 소개시켜줬잖아.

마리   미안….

샐리   세상에.

마리   (다른 카드를 꺼낸다) 좋아, 기다려. 여기, 여기 있다. 켄
다면.

샐리   1년 전에 결혼했어.

마리   정말? 결혼했다고.

* 회전식 연락처 카드 파일.

마리가 켄 다먼의 롤로덱스 카드를 꺼내 귀퉁이를 접은 다음 뒤쪽에 끼워 넣는다. 다음에 다른 카드를 꺼낸다.

마리   (계속) 아 잠깐, 잠깐, 찾았어.

샐리   근데, 적당한 시기에 만났으면 좋아할 사람을 지금 만나 봐야 무슨 의미가 있어. 지금 만나면 땜방용이 될 게 뻔한데.

마리   알았어. 하지만 너무 오래 미루진 마. 데이비드 워소가 어떻게 됐는지 알지? 아내가 떠난 다음에 다들 시간을 좀 주라고, 서두르지 말라고들 말했지. 여섯 달 만에 죽었잖아.

샐리   무슨 말을 하고 싶은 거야? 누군가 곧 죽을지 모르니까 그 사람하고 당장 결혼하라고?

앨리스   그럼 적어도 결혼은 해본 거니까.

마리   내 말은 너한테 딱 맞는 사람이 바로 여기 있는데 네가 안 잡으면 딴 사람이 채갈 거고 그러면 너는 다른 사람이 네 남편하고 결혼했다는 걸 알고 평생을 보내야 한다는 거야.

CUT TO:

#실외. 자이언츠 경기장—낮

파도타기 응원이 진행 중. 파도가 경기장을 돌아 2층 관중석 자이언츠 팬

사이에 앉아 있는 해리와 친구 제스를 지나간다. 가을이고 둘 다 청바지와 점퍼 차림이다.
해리는 기운이 쑥 빠져 있다.

제스   언제 일이야?

해리   금요일에, 헬렌이 퇴근하고 와서는 "결혼 생활을 계속하고 싶지 않은 것 같아." 이러는 거야. 그게 무슨 제도라도 되는 듯이, 개인적인 일이 아니라 그냥 가볍게 생각해본 일이나 되는 것처럼 말하더라고. 난 침착하게 말했지. "시간을 좀 두고 생각해보면 어때?" 너무 서두르지 말자고.

제스   응, 그렇지.

해리   그다음 날에 생각해봤다면서, 일단 별거를 해보자고 하더라. 한번 해보고 싶다면서. 그래도 데이트는 할 수 있다고, 마치 선심 쓰듯 말하더라고. 난 데이트하기 싫어서 결혼했는데, '그래도 데이트는 할 수 있어'가 무슨 대단한 보상인지 모르겠어. 와이프는 날 사랑하는 게 당연한데 와이프하고 데이트하고 싶은 사람이 어디 있냐고. 그런 얘기를 하다가 번뜩 날 사랑 안 하나? 하는 생각이 들더라고. 그래서 "이제 날 사랑 안 해?" 그랬더니 뭐라는지 알아? "당신을 사랑한 적이 있었는지 모르겠어."

관중석에서 파도가 다가오고 해리와 제스는 일어서서 팔을 치켜든다.

제스   으으, 너무 했다.

두 사람이 앉는다.

제스   (계속) 충격에서 쉽게 회복되진 않겠다.
해리   고맙다.
제스   아니, 난 작가라 대화문을 좀 알잖아. 그건 타격이 크겠
            는데.
해리   그러더니 자기 사무실의 누가 남미에 가게 돼서 그 아파
            트를 빌릴 수 있대. 믿기지가 않더라고. 그때 초인종이
            울렸어. "그 사람 아파트를 빌릴 수 있어." 이 말이 아직
            끝나지도 않았는데, 마치 입에서 나온 말풍선처럼 공중
            에 매달려 있는데.
제스   만화에서처럼.
해리   맞아. 현관으로 갔더니 이삿짐센터 사람들이 있더라고.
            이상한 생각이 들었지. 내가 "헬렌, 이삿짐센터에 언제
            연락한 거야?" 했더니 아무 대답 안 하길래 일하는 사람
            들한테 물었지. "언제 예약했어요?" 그런데 덩치 큰 사람
            세 명이 아무 말 안 하고 그냥 서 있더라고. 그중 한 명은
            '미스터 제로에게 까불지 마라'라고 쓰인 티셔츠를 입고
            있었어. 그래서 그랬지, "헬렌, 언제 예약했어?" 헬렌이
            말했어. "일주일 전에." "일주일 전부터 알고 있었는데

나한테 말을 안 한 거야?" 헬렌이 그랬어. "당신 생일 망치기 싫어서."

두 번째 파도가 다가오고 해리와 제스는 일어서서 팔을 들어 올린다.

제스 그러니까 미스터 제로는 네가 이혼할 거란 걸 너보다 일주일 먼저 알았다는 거야?

해리 미스터 제로는 알았지.

제스 말도 안 돼.

해리 최악인 부분은 아직 안 나왔어.

제스 미스터 제로가 먼저 알았다는 것보다 더 나쁜 일이 있을 수 있어?

해리 전부 거짓말이었어. 만나는 사람이 있더라고. 세무사인가 뭔가. 그놈 집으로 들어갔어.

제스 어떻게 알았어?

해리 뒤를 따라갔어. 건물 밖에 서 있었지.

제스 너무 굴욕적이네.

해리 내 말이. (한 박자 뒤) 근데, 난 알았던 거 같아. 내내 우리가 행복한 것 같아도 그건 환상이고 언젠가는 날 버리고 갈 걸 알았어.

제스 결혼이 바람피웠다고 깨지진 않아. 그건 모든 게 다 잘못되었을 때 나타나는 증상의 하나야.

해리   정말? 근데 그 증상이 내 와이프랑 자고 있어.

또 파도가 다가온다. 일어선다. 앉는다.

CUT TO:

#실내. 셰익스피어 앤드 컴퍼니 서점-낮

샐리와 마리가 서점에서 '인간 관계' 코너에 있다. 매대에 책이 가득 놓여 있다. 마리는 『똑똑한 여자, 어리석은 선택』 같은 제목의 책을 본다. 샐리 는 『위험한 시대의 안전한 섹스』 따위의 책을 보고 있다.

마리   그러다가 우연히 그 사람 아메리칸 익스프레스 카드 청 구서를 보게 된 거야.

샐리   우연히 봤다니 무슨 소리야?

마리   흠, 그 사람은 면도하고 있었고 가방 안에 그게 있었어.

샐리   그 사람이 나와서 네가 가방 뒤지는 걸 보면 어쩌려고 그 래?

마리   그게 중요한 게 아냐. 내가 뭘 봤는지 얘기하잖아. (한 박 자 뒤) 120달러를 주고 자기 와이프한테 나이트가운을 사줬더라고. (한 박자 뒤) 와이프하고 영영 안 갈라설 거 같아.

샐리   갈라설 거라고 생각하는 사람 아무도 없어.

마리   맞아, 네 말 맞아. 맞다는 거 알아.

마리는 잠시 다른 책을 찾으려고 고개를 들었다가 무언가를 발견한다.

마리   (계속) 자기계발 코너에서 누가 널 보고 있어.

샐리가 자기계발 코너 쪽을 흘긋 본다. 해리가 있다.

샐리   아는 사람이야. 네가 좋아하겠다. 유부남이야.
마리   누군데?
샐리   해리 번스. 정치 컨설턴트야.
마리   귀엽다.
샐리   귀엽다고?
마리   유부남인지 어떻게 알아?
샐리   마지막으로 봤을 때 결혼할 거라고 했거든.
마리   그게 언젠데?
샐리   6년 전.
마리   그럼 이젠 유부남 아닐 수도 있겠네.
샐리   게다가 역겨운 사람이야.
마리   이 상황 그 영화랑 똑같다. 생각나지, 「사라진 여인」에서
           여자가 남자한테 말하잖아. "당신은 내가 만나본 가장 역
           겨운 사람이에요."
샐리   (고쳐준다) ㅜ"가장 비열한"―
마리   그러다가 미친 듯 사랑에 빠지지.

샐리	게다가 저 사람은 날 기억도 못해.
해리	샐리 올브라이트.
샐리	아, 해리!
해리	당신인 줄 알았어요.
샐리	그러네요. 여기는 마리….

마리는 계단으로 내려가는 중이다. 마리가 작별인사로 손을 든다.

샐리	(계속) 마리였어요.

샐리가 다시 해리를 본다.

해리	어떻게 지내요?
샐리	잘 지내요.
해리	조는 잘 있어요?
샐리	네. 잘 지낸다고 들었어요.
해리	조하고 헤어졌어요?
샐리	얼마 전에요.
해리	아, 안됐네요. 유감이에요.
샐리	네, 그래요. 그런 거죠. (한 박자 뒤) 그래 당신은요?
해리	잘 지내요.
샐리	결혼 생활은 어때요?

해리	썩 좋진 않아요. 이혼하는 중이에요.
샐리	아, 안됐네요. 정말 안됐어요.
해리	네. 그렇죠. 당신은요? 어쩌다 그렇게 됐어요?

CUT TO:

#실내. 식당—낮

샐리와 해리가 같이 와인을 마신다.

| 샐리 | 조하고 처음 만났을 때는 둘이 정확히 똑같은 걸 원했어요. 같이 살고 싶었지만 결혼하고 싶진 않았죠. 우리가 아는 사람 전부 결혼했다가 결국 안 좋아졌거든요. 결혼하면 절대 섹스 안 해요. 진짜예요. 아무도 말하지 않는 불편한 진실이죠. 아이를 낳은 친구들하고 얘기하다 보면, 음, 사실 앨리스라고 애가 있는 친구가 하나 있는데, 남편하고 이제 안 한다고, 그게 늘 불만이에요. 생각해보니까 불만이라고 말한 것도 아니네요. 그냥 덤덤하게 말했어요. 애 때문에 밤을 새고, 둘 다 항상 지쳐 있고, 애들이 남아 있는 성욕마저 모두 뺏어간다고요. 그래서 조랑 그런 얘길 하면서 우리 관계가 얼마나 좋냐고, 부엌 바닥에서 섹스를 하다가 애들이 들어올까 봐 걱정 안 해도 되고 충동적으로 로마행 비행기를 탈 수도 있지 않냐고 했죠. 그러다가 어느 날 내가 앨리스 딸하고 놀아준 적이 |

있거든요. 서커스에 데려가겠다고 약속해서, 그래서 택시를 타고 가면서 '보인다' 놀이를 했어요—우체통이 보인다, 가로등이 보인다—그러다가 창밖에 남자랑 여자랑 아이 둘을 데리고 가는 게 보였는데, 남자가 한 아이는 목말을 태우고 있고요. 그때 앨리스 딸이 "가족이 보인다!"라고 말했는데 내가 울음을 터뜨렸어요. 그냥 갑자기 눈물이 나더라고요. 집에 와서, 말했죠. "그런데 말야, 조, 우리 충동적으로 로마행 비행기 탄 적 없잖아."

해리   부엌 바닥은요?

샐리   한 번도 없어요. 엄청 차갑고 딱딱한 멕시코 세라믹 타일이에요. 어쨌든, 한참 이야기를 나눴고, 내가 난 이런 걸 원해, 그랬고 그 사람은, 난 아냐, 그랬고 그래서 내가 그래, 그럼 이제 끝인가 보다, 했고 그 사람이 떠났어요. 그런데 말이에요, 나 정말 괜찮아요. 극복했어요. 정말로 이제는 다 끝났어요. 그 사람이 해줄 수 있는 건 거기까지였고, 그 사람한테는 최선이었고, 생각하면 할수록 잘한 일이라는 확신이 들어요.

해리   와, 정말 건강한 사고를 하네요.

샐리   (확신이 없는 듯) 네.

CUT TO:
#실외. 77번가 보도—해 질 녘

"이제 우리 친구가 되는 건가요?"

해리와 샐리가 같이 걷고 있다. 해가 진다.

샐리   적어도 아파트는 있으니까.

해리   다들 나한테 하는 말이 그거예요. 아파트 구하는 게 뭐
        그렇게 힘든 일이라고? 부고란만 읽으면 되는데. 그렇다
        니까요. 누가 죽었는지 알아낸 다음에 그 건물로 가서 수
        위한테 팁을 주는 거죠. 아예 부고란과 부동산 섹션을 하
        나로 합하면 훨씬 간단할 텐데. 이렇게. "클라인 님께서
        금일 별세하셨습니다. 아내와 두 자녀, 넓고 침실이 세
        개에 장작 때는 벽난로가 있는 아파트를 남겼습니다."

샐리가 웃는다. 분위기가 좋다.

해리   있잖아요, 당신 처음 봤을 때는 아주 마음에 들진 않았어요.

샐리   내가 당신을 좋아하지 않았었죠.

해리   왜, 당신은 좋아했죠. 그냥 그때는 너무 깐깐했던 거고.
        지금은 훨씬 푸근해졌네요.

샐리   이봐요, 그런 말 질색이에요. 칭찬처럼 들리는데 사실은
        욕이잖아요.

해리   좋아요, 당신은 여전히 못처럼 단단해요.

샐리   난 그냥 당신이랑 자기 싫었던 건데 당신은 그걸 무슨 성
        격 결함으로 치부해서 자존심을 지키려고 했던 거죠.

해리	사과의 소멸 시효가 몇 년이죠?
샐리	10년.
해리	아아. 가까스로 세이프할 수 있겠네요.

샐리가 웃는다. 잠시 뒤, 조심스럽게 묻는다.

샐리	언제 저녁 같이 먹을래요?
해리	(어떻게 받아들여야 할지 확신을 못 하고) 이제 우리 친구가 되는 건가요?
샐리	으음, (샐리가 한 말은 이런 뜻이 아니었다) 그래요.
해리	좋네요. 여자인 친구. 알죠, 내가 만난 멋진 여자 중에서 같이 자고 싶지 않았던 여자는 당신뿐이에요.
샐리	(약간 실망) 잘됐네요, 해리.

두 사람은 계속 같이 걸어가고—

FADE OUT.

FADE IN:

#다큐멘터리 영상

나이 많은 커플이 2인용 소파에 앉아 있다.

네 번째 남자 우리는 같은 병원에서 태어났어요.

네 번째 여자 *(말이 끝나기 전에 돌림노래처럼 말한다)* 1921년에요.

네 번째 남자 7일 차이였죠.

네 번째 여자 같은 병원에서요.

네 번째 남자 우리는 한 블록 떨어진 곳에 살았어요.

네 번째 여자 *(말이 끝나기 전에)* 둘 다 연립주택에 살았어요.

네 번째 남자 로어 이스트 사이드에요.

네 번째 여자 딜랜시 스트리트요.

네 번째 남자 내가 열 살 때 우리는 브롱크스로 이사했어요.

네 번째 여자 *(말이 끝나기 전에)* 이 사람은 포덤 로드에 살았어요.

네 번째 남자 이 사람은 열한 살 때 이사 갔어요.

네 번째 여자 *(말이 끝나기 전에)* 나는 183번 스트리트에 살았어요.

네 번째 남자 이 사람이 6년 동안 15층에서―

네 번째 남자 −간호사로 일했고 같은 건물 14층에서 나는 병원을 했어요.	네 번째 여자 아주 저명한 신경학자 베멜먼 박사 병원에서 일했죠.
네 번째 남자 한 번도 만난 적은 없어요.	네 번째 여자 한 번도 만난 적은 없어요. 신기하죠?

네 번째 남자 어디에서 만났는지 알아요? 엘리베이터 안인데−

네 번째 여자 가족을 만나러 갔었어요.

네 번째 남자 −일리노이 시카고에 있는 앰배서더 호텔이었어요.

네 번째 여자 (말이 끝나기 전에) 이 사람은 3층에 묵었고 나는 12층
 에요.

네 번째 남자 계속 말을 걸려고 아홉 층을 더 타고 올라갔어요.

네 번째 여자 아홉 층이나요.

FADE OUT.

FADE IN:

근접 숏.

장난감 새 인형이 신기하게도 계속 물컵에 머리를 박는 장면.

카메라가 멀어지며 장면이 확장됨:

#실내. 해리의 사무실−낮

해리는 사무실에 앉아 이 조류학적 현상을 멍하니 보고 있다. 전화벨 소리가 울린다. 샐리가 전화를 받는다.

샐리　　　(V.O.) 여보세요.

해리　　　(V.O.) 자?

샐리　　　(V.O.) 아니, 「카사블랑카」 보고 있었어.

해리　　　(V.O.) 몇 번이야?

샐리　　　(V.O.) 11번.

해리　　　(V.O.) 고마워. 나온다.

해리는 계속 새를 보고 있고 「카사블랑카」의 대사가 들린다.
"하고 많은 술집 중에서…" 기타 등등.
「카사블랑카」 대사가 계속되는 동안—

CUT TO:

#실내. 샐리의 사무실—낮

샐리는 책상에 앉아 전화로 업무를 보고 있다. 여자가 들어와서 무언가를 건넨다.

해리　　　(V.O.) 그럼 네 말은 험프리 보가트보다 빅터 라즐로랑
　　　　　　 같이 사는 게 더 행복하단 말야?

여자는 화면 밖으로 나가고 샐리는 책상 위의 잡지를 보면서 전화를 끊는다.

샐리	(V.O.) 내가 언제 그랬어?
해리	(V.O.) 우리 차 타고 뉴욕으로 올 때.

샐리가 컴퓨터 쪽으로 몸을 돌린다.

CUT TO:
#실내. 한국 식품점-낮
샐리는 샐러드 바를 따라 움직이면서 매우 신중하게 골라 샐러드를 그릇
에 담는다.

샐리	(V.O.) 그런 말 한 적 없어. 그랬을 리가 없어.
해리	(V.O.) 좋아, 알았어. 네 말이 맞다고 해.

CUT TO:
#실내. 해리의 아파트-낮
해리가 카드 한 벌을 들고 바닥에 앉아 카드를 그릇에 던져 넣는다.

해리	(V.O.) 잠은 잘 자?
샐리	(V.O.) 왜?
해리	(V.O.) 난 요새 못 자거든.

해리가 계속 카드를 던진다. 방에는 의자 몇 개 말고 아무것도 없다.

해리   (V.O.) (계속) 헬렌 생각이 너무 많이 나. 무슨 병에 걸린
            거 같아. 어젯밤에는 새벽 네 시까지 안 자고 「비버에게
            맡겨」*를 스페인어로 봤어.

CUT TO:
#실내. 해리의 아파트－낮
해리가 의자에 앉아 책을 읽으려고 한다. 입에 체온계를 물고 있다. 집중
을 못 한다. 같은 단락을 읽고 또 읽는다.

해리   (V.O.) (계속) "부에노스 디아스, 세뇨라 클리버. 돈데 에
            스탄 왈라스 이 테오도?"

해리는 결국 마지막 장을 펼쳐 읽는다.

해리   (V.O.) (계속) 나 상태가 안 좋아.

CUT TO:
#실내. 피트니스 클럽－낮

* 1957년부터 1963년까지 방영된 미국의 인기 시트콤.

샐리는 탭댄스 수업을 받고 있다.

샐리   (V.O.) 난 어제 일곱 시 반에 잤어. 초등학교 3학년 이후로 처음이야.

해리   (V.O.) 그게 우울증의 좋은 면이지. 푹 쉴 수 있다는 거.

샐리   (V.O.) 나 우울하지 않아.

해리   (V.O.) 그래, 알았어.

CUT TO:

#실외. 중국 식당-밤

창문으로 샐리가 아주 세세하게 음식을 주문하는 모습이 보인다. 웨이터가 받아 적느라 애쓴다. 해리는 그냥 보고 있다.

해리   (V.O.) 요새도 침대 한쪽에서 자?

샐리   (V.O.) 한동안 그랬는데 지금은 침대 거의 전부 다 써.

해리   (V.O.) 와, 잘됐다. 난 다리를 어디 둬야 할지 몰라서 기분이 이상해.

CUT TO:

#실외. 거리-낮

샐리가 우체통에 우편물을 넣는데 하나씩 넣으면서 무사히 들어가는지 일일이 확인한다. 해리는 옆에 서서 답답해하며 기다린다.

해리   (V.O.) (계속) 헬렌이 보고 싶어.

샐리   (V.O.) 난 조 안 보고 싶은데. 정말로.

해리   (V.O.) 전혀?

해리는 점점 짜증이 난다.

샐리   (V.O.) 난 뭐가 그리운지 알아? 그 사람이라는 관념이 그
         리워.

해리가 샐리 옆으로 가서 우편함 위에 팔꿈치를 올려놓고 샐리가 그런
'의식'을 진행하는 걸 기가 막히다는 듯 본다.

해리   (V.O.) 어쩌면 나도 헬렌이란 관념만 그리운 건지도 모르
         지. 아냐, 난 그 사람 전부가 그리워.

해리는 조바심이 극에 달한다. 샐리가 들고 있는 편지를 뺏어 우체통을
열고 전부 밀어 넣고 샐리를 끌고 간다.

샐리   (V.O.) 마지막 장면이야.

여기에서부터 2분할 화면
#실내. 샐리의 침실—밤

샐리는 침대에 누워 텔레비전으로 「카사블랑카」를 보며 전화에 대고 말한다.

#**실내. 해리의 침실−밤**
해리는 침대에 누워 「카사블랑카」를 보고 있다.

해리	잉그리드 버그먼. 저 사람은 품이 안 들지.
샐리	품이 안 든다고?
해리	응. 세상에는 두 종류의 여자가 있어. 품이 많이 드는 여자, 적게 드는 여자.
샐리	그런데 잉그리드 버그먼은 품이 적게 든다고?
해리	맞아. 확실해.
샐리	난 어느 쪽인데?
해리	너는 최악이지. 품이 많이 드는데 본인은 아니라고 생각해.
샐리	이해가 안 가는데.
해리	이해가 안 간다고? (흉내 내며) "저기요, 하우스 샐러드로 시작할 건데, 기본 드레싱 말고요, 발사믹 식초하고 오일을 먹을 건데 따로 주시고요, 다음에 연어와 머스터드 소스는 머스터드 소스를 따로 주세요." '따로'가 너한테는 아주 중요한 일이지.
샐리	그냥 내가 좋아하는 식으로 먹고 싶어서 그러는 거야.
해리	알아. 품이 많이 들지.

샐리가 웃는다.

험프리 보가트가 말한다. "루이, 이게 아름다운 우정의 시작인 것 같군."

해리   (계속) 오오. 영화 역사상 최고의 마지막 대사야.

영화가 끝난다.

해리   (계속) 확실히 뭔가 걸렸어. 24시간 종양 같은 거. 그게
        요새 유행이래.
샐리   종양 같은 거 아냐.
해리   그걸 어떻게 알아?
샐리   그렇게 걱정되면 병원에 가봐.
해리   싫어, 보나 마나 아무 이상 없다고 할 거야.
샐리   잠이 올 거 같아?
해리   안 와도 상관없어.
샐리   어떻게 할 건데?
해리   그냥 끙끙 신음이나 하지. 지금 연습해봐야겠다.

해리가 신음한다.

샐리   잘 자, 해리.
해리   잘 자.

전화를 끊는다. 해리는 침대 위 베개 사이에 그대로 있다. 다시 끙끙거린다.
샐리는 침대 옆 스탠드를 끈다. 그러자 샐리가 있는 쪽 화면이 깜깜해진다.
해리가 또 끙끙 소리를 낸다.

FADE OUT.

FADE IN:
#실외. 거리 – 낮
해리와 샐리가 기둥이 많은 건물 앞을 걷는다.

해리   또 그 꿈 꿨어. 내가 섹스를 하는데 올림픽 심판들이 보
                고 있는 꿈. 내가 필수요소를 멋지게 수행하고 끝냈어.
                결승전이야. 캐나다 심판이 9.8을 줬어. 미국 심판은 10
                점 만점을 줬어. 그런데 우리 엄마가 동독 심판으로 변장
                하고 나한테 5.6을 주네. 착지가 잘못됐나 봐.

CUT TO:
#실외. 센트럴 파크 – 낮
해리와 샐리가 멋진 가을날 공원에 있다.

샐리   내가 열두 살 때부터 꾸던 꿈하고 거의 똑같아.
해리   무슨 꿈인데?

샐리	몰라, 너무 창피해.
해리	그럼 말하지 마.
샐리	좋아. 남자가 있어.
해리	어떻게 생겼어?
샐리	모르겠어. 그냥 얼굴이 없어.
해리	얼굴 없는 남자라. 좋아. 다음에 어떻게 되는데?
샐리	남자가 내 옷을 찢어.
해리	그러고?
샐리	끝이야.
해리	끝이라고? 얼굴 없는 남자가 옷을 찢는다. 그게 열두 살 부터 갖고 있던 성적 판타지라고? 달라지지도 않고?
샐리	그게, 좀 바뀌기도 해.
해리	어느 부분이?
샐리	내가 입은 옷.

해리가 미묘한 듯 반응한다.

샐리	(계속) 왜?
해리	아냐.

CUT TO:

#실내. 메트로폴리탄 미술관 ─ 해 질 녘

해리와 샐리가 이집트 사원 전시장을 걸어 다닌다.

해리   (우스꽝스러운 목소리로) 오늘이 끝날 때까지 이렇게 말
         하자.

샐리   (흉내 내려고 하면서) 이렇게.

해리   (우스꽝스러운 목소리로) 그게 아냐. 날 따라 해봐. 페퍼.

샐리   (흉내 내려고 애쓴다) 페퍼.

해리   (우스꽝스러운 목소리로) 페퍼.

샐리   (웃으며) 페퍼.

해리   (우스꽝스러운 목소리로) 페퍼.

샐리   (흉내 내며) 페퍼.

해리   (우스꽝스러운 목소리로) 페퍼.

샐리   (흉내 내며) 페퍼.

해리   (우스꽝스러운 목소리로) 저기요, 내 파프리카시*에 페
         퍼가 너무 많이 들어갔어요.

샐리   (흉내 내며) 저기요, 내 파프리카시에…

해리   (우스꽝스러운 목소리로) … 파프리카시에… 페퍼가 너
         무 많아요.

샐리   (흉내 내며) 페퍼가 너무 많아요.

해리   (우스꽝스러운 목소리로) 하지만 피칸 파이를 포함해서
         판단해볼게요.

* 파프리카가루(단 고춧가루)와 닭고기 등으로 걸쭉한 소스처럼 만드는 헝가리 요리.

해리가 웃으며 샐리가 따라 하길 기다린다. 샐리가 고개를 흔든다.

해리   (계속) (우스꽝스러운 목소리로) 하지만 피칸 파이를…

샐리   (흉내 내며) 하지만 피칸 파이를…

해리   (우스꽝스러운 목소리로) … 포함해서…

샐리   (흉내 내며) … 포함해서…

해리   (우스꽝스러운 목소리로) … 판단해볼게요.

샐리   (흉내 내며) … 판단해볼게요.

해리   (우스꽝스러운 목소리로) 피칸 파이.

샐리   (흉내 내며) 피칸 파이.

해리   (우스꽝스러운 목소리로) 피칸 파이.

샐리   (흉내 내며) 피칸 파이.

해리   (우스꽝스러운 목소리로) 오늘 저녁에 영화 보러 갈래?

샐리   (흉내 내며) 오늘… 저녁에… 영화… 보러…

해리   (우스꽝스러운 목소리로) 그건 따라 하지 말고, 대답해.
       오늘 저녁에… 영화 보러 갈래?

샐리   (평소 목소리로) 아, 아, 아, 그러고 싶은데 안 돼.

해리   (여전히 우스꽝스러운 목소리로) 뭔데, 뜨거운 데이트
       약속이라도 있어?

샐리   응, 맞아. 응.

해리   (평소 목소리로) 정말?

샐리   응, 말하려고 했는데… 그게. 좀 말하기가 그래서.

해리	왜?
샐리	그냥, 우리가 같이 보내는 시간이 워낙 많으니까….
해리	아, 난 네가 데이트한다니까 좋아.
샐리	정말?
해리	응. (공모하듯 몸을 숙이며) 그 옷 입고 갈 거야?
샐리	응. 어, 모르겠어. 왜?
해리	넌 치마를 더 자주 입어야 해. 치마 입으면 정말 예뻐.
샐리	정말?
해리	응. 있잖아, 난 상형문자가 '스핑크시'라는 캐릭터가 나오는 고대의 만화라는 이론을 갖고 있어.
샐리	있잖아, 해리, 너도 이제 누굴 만나야 해.
해리	(다시 우스꽝스러운 목소리로) 아, 아직 준비가 안 됐어.
샐리	그래야 해.
해리	(우스꽝스러운 목소리로) 지금은 누굴 만나든 못 할 짓이야.
샐리	때가 됐어.

CUT TO:

#실내. 해리의 아파트—낮

해리와 샐리가 새 러그를 깔고 있다.

해리	내 인생 최악으로 불편한 시간이었어.

샐리	원래 돌이켜 보면 첫 번째 데이트가 제일 힘들잖아.
해리	딱 한 번 만났는데 더 나빠질지 어쩔지 어떻게 알아?
샐리	저녁을 먹고 남자가 다가와서 내 머리카락을 하나 뽑더니 그걸로 테이블에 앉은 채 치실질하는 것보다 더 나쁠 수 있어?
해리	네가 얘기한 건 내 경험에 비하면 꿈 같은 데이트야. 처음에는 나도 멀쩡했어. 여자도 괜찮고, 여자가 가고 싶다고 한 에티오피아 레스토랑에 앉아서 이야기했지. 나는 농담이랍시고 이렇게 말했어. "난 에티오피아에도 음식이 있는 줄은 몰랐어요.* 식사가 빨리 끝나겠네요. 빈 접시 두 개를 주문해서 나오면 나가면 되겠네요." 여자는 입 딱 다물고 웃지도 않더라고. 그래서 내가 기어를 바꿔서 잡담을 하려고 어디 학교 다녔냐고 물었는데 미시간 주립대라는 거야. 그래서 헬렌이 생각났지. 갑자기 엄청난 불안 발작이 밀려와서 심장이 미치광이처럼 막 뛰고 돼지처럼 땀을 뻘뻘 흘렸어.
샐리	헬렌이 미시간 주립대 다녔어?
해리	아니. 노스웨스턴. 그런데 둘 다 빅 텐 스쿨**에 들어가잖아. (한 박자 뒤) 너무 상태가 안 좋아져서 레스토랑에

---

* 지금 보기에는 인종주의적인 농담이라고 생각되지만, 당시에는 에티오피아 내전과 심각한 기근 상태에 세계의 이목이 쏠려 있던 때문이다.
** 스포츠 프로그램이 특히 유명한 명문 대학 10곳을 가리키던 이름으로 지금은 총 14개 대학이 여기에 속한다.

서 나와야 했어.

샐리   해리, 시간이 필요한가 봐. 새로운 사람하고 즐겁게 데이
트하려면 몇 달이 걸릴 수도 있을 거야.

해리   그래.

샐리   새로운 사람하고 같이 자기까지는 더 오래 걸릴 테고.

해리   아, 나 그 여자랑 잤어.

샐리   같이 잤다고?

해리   응.

샐리   허.

CUT TO:

#실내. 퀸스에 있는 타격 연습장−낮

해리와 제스가 배트를 들고 배팅 머신에서 나오는 공을 친다.

제스   대체 무슨 관계인지 이해가 안 돼.

해리   무슨 소리야?

제스   같이 있으면 즐겁다고?

해리   응.

제스   매력 있고?

해리   응.

제스   그런데 같이 안 잔다고?

해리   응.

제스	행복해지는 게 두렵구나.
해리	왜 내 말을 못 믿는 거야? 나한테도 대단한 일이야. 섹스 없이 여자와 관계를 유지한 적은 한 번도 없거든. 내가 성숙해진 거 같아.

아홉 살짜리 아이가 연습장 뒤에서 기다리다가 해리와 제스가 그냥 서 있는 걸 본다.

아홉 살 아이	끝났어요?
해리	나 동전 잔뜩 있고 내가 먼저 왔어.
아홉 살 아이	아녜요.
해리	맞아.
아홉 살 아이	아녜요.
해리	맞아.
아홉 살 아이	바보.
해리	멍청이. (제스에게) 무슨 얘기하고 있었지?
제스	네가 성숙해졌다고.
해리	그래. 진짜 편해. 샐리한테는 아무 얘기나 다 할 수 있어.
제스	나한테 못 하는 얘기도 할 수 있다는 거야?
해리	아냐, 그냥 달라. 그냥 관점이 완전히 달라. 여자가 세상을 보는 관점을 알 수 있어. 샐리는 자기가 만나는 남자 얘기를 하고 나는 내가 만나는 여자 얘기를 하지.

제스	다른 여자 얘기를 한다고?
해리	응. 이를테면 얼마 전에 어떤 여자랑 잤는데 완전 끝내줘서 인간계가 아닌 곳으로 보냈을 때 이야기 같은 거. 여자가 고양이 소리를 내더라고.
제스	여자가 고양이 소리를 내게 만들었다고?
해리	응. 그게 핵심이야. 이런 얘기도 할 수 있어. 좋은 점은 뭐냐면, 어떻게 하면 같이 잘 수 있을까 하는 생각을 안 하니까 거짓말할 필요가 없어. 그냥 솔직해질 수 있다고.
제스	여자가 고양이 소리를 내게 만들었다고?

CUT TO:

#실내. 카네기 델리카트슨−낮

해리와 샐리가 테이블에 앉아 샌드위치가 나오길 기다린다.

샐리	그 여자들한테 어떻게 하는 거야? 그냥 침대에서 나와서 집에 가?
해리	그럼.
샐리	아니, 어떻게 하는지 설명을 해봐. 뭐라고 말해?

웨이터가 음식을 가져온다.

| 해리 | 이렇게 말하지. 아침 일찍 미팅이 있어서, 아침 일찍 미 |

	용실 예약을 해둬서, 아침 일찍 스쿼시를 하기로 해서.
샐리	너 스쿼시 안 치잖아.
해리	여자는 모르니까. 오늘 처음 만났잖아.
샐리	(샌드위치 안의 햄을 재배치하며) 역겨워.
해리	알아. 나도 기분이 좋지 않아. (샌드위치를 한입 먹는다)
샐리	나는 너랑 안 엮여서 정말 다행이야. 결국 나도 네가 새벽 세 시에 장작 받침쇠를 닦아야 해서 이만 가봐야겠다고 하는 걸 당하게 됐을 테니까. 심지어 너네 집에는 벽난로도 없는데. (짜증이 나서 햄을 더 빨리 탁탁 얹는다) 그렇단 사실도 난 몰랐겠지만.
해리	왜 화가 났어? 너랑은 상관없는 일이잖아.
샐리	상관 있어. 너는 모든 여성을 모욕했어. 난 여자고. (샌드위치를 먹는다)
해리	왜, 나도 잘했다고는 생각 안 하지만 나보고 뭐라고 하는 소리는 못 들어봤어.
샐리	당연히 못 들었겠지. 너무 빨리 문밖으로 사라지니까.
해리	여자들도 괜찮은 시간 보낸 거 같고.
샐리	어떻게 알아?
해리	무슨 소리야. 어떻게 아냐니? 당연히 알지.
샐리	여자들이… 이래서…? (샐리가 손동작을 한다)
해리	응. 이래서… (해리가 손동작을 따라 한다)
샐리	정말 이런지 어떻게 알아… (샐리가 똑같은 동작을 한

다)

해리	무슨 소리야, 오르가슴을 느끼는 척한다는 거야?
샐리	그럴 수 있지.
해리	말도 안 돼.
샐리	왜? 여자들은 다 그런 척할 때가 있어.
해리	글쎄, 나하고 있을 때는 가짜가 아냐.
샐리	어떻게 알아?
해리	그냥 알지.
샐리	아 좋아. (샌드위치를 내려놓는다) 그렇지. 깜박했다. 넌 남자지.
해리	그게 무슨 뜻이야?
샐리	아무것도 아냐. 남자들은 자기한테는 그럴 리가 없다고 하고, 여자들은 대부분 한두 번쯤은 그래 봤다고 하는데, 그럼 계산을 해봐.
해리	내가 진짠지 가짠지 모를 거라고 생각해?
샐리	모르지.
해리	말도 안 돼.

해리가 샌드위치를 먹는다. 샐리가 빤히 보고 있다. 유혹적인 표정을 짓는다.

| 샐리 | 아아! |

해리는 샌드위치를 들고 씹으며 샐리를 본다.

샐리   (계속) 아! 아아!
해리   괜찮아?

샐리는 눈을 감은 채 유혹적으로 머리카락에 손을 넣는다.

샐리   아, 세상에!

해리는 샐리가 뭘 하는지 알아차린다.

샐리   (계속) 아아! 아, 안 돼!

샐리가 머리를 뒤로 젖힌다.

샐리   (계속) 아!

눈을 감고 손으로 얼굴을 쓸더니 목을 타고 내려간다.

샐리   (계속) 아, 안 돼! 아, 그래, 바로 거기.

해리는 주위를 둘러보고 식당의 다른 사람들이 샐리를 쳐다보는 걸 알아

차린다. 샐리는 연기에 완전히 몰입했다.

샐리   (계속) (헉헉거리며) 아!

뒤쪽에 있는 남자가 고개를 돌려 샐리를 본다.

샐리   (계속) 아! 아! (헉헉거리며) 아 세상에! 응! 좋아!

해리는 당황해서 황당한 눈으로 샐리를 본다.

샐리   (계속) (테이블을 치며) 좋아! 좋아!

뒤쪽에 있는 남자가 이제 빤히 쳐다본다.

샐리   (계속) (두 손으로 테이블을 치며) 그래! 좋아! 좋아!

해리가 주위를 둘러보고 매우 당혹해하며 손님들에게 멋쩍게 웃어 보인다. 옆자리에 앉은 나이 많은 여자가 빤히 본다.

샐리   (계속) 응! 응!

이제 모든 사람이 대화를 멈추고 보고 있다.

샐리   (계속) 그래! 아! (계속 테이블을 치며) 좋아, 좋아, 좋아!

샐리는 오르가슴의 절정에 다다른 것처럼 머리를 뒤로 젖힌다.

샐리   (계속) 응! 응! 응!

샐리가 마침내 머리를 앞으로 숙인다.

샐리   (계속) 아. 아. 아.

샐리는 의자에 축 늘어지며 손으로 머리를 흩뜨린 다음 목부터 가슴까지
훑는다.

샐리   (계속) 아, 이런.

그러더니 갑작스레 연기가 끝난다. 샐리는 조용히 포크를 집어 들어 콜슬
로를 뜨고는 아무 일 없었다는 듯 해리를 보고 미소 짓는다.
웨이터가 주문을 받으러 나이 많은 여자에게 온다.
여자가 웨이터를 본다.

나이 많은 여자   저 사람이 먹는 걸로 주세요.

FADE OUT.

FADE IN:

#실외. 센트럴 파크-낮

눈으로 덮인 공원의 여러 장면:

말이 끄는 마차, 겨울옷을 껴입고 눈길 위를 걷는 사람들, 넓은 공터를 가

로지르며 크로스컨트리 스키를 타는 한 사람.

CUT TO:

#실외. 록펠러 플라자-밤

거대한 크리스마스트리가 광장에 서 있고 아이스링크 중심에서 여자가

능숙하게 스케이트를 탄다.

CUT TO:

#실외. 거리-밤

크리스마스 장식이 된 상점 쇼윈도를 가족이 구경한다.

CUT TO:

#실외. 공원-낮

아이들이 썰매를 타고 언덕을 내려온다.

CUT TO:

#실외. 거리 — 밤

사람들이 추위에 몸을 움츠리고 조명이 켜진 크리스마스트리 옆을 지나
간다.

CUT TO:

#실외. 공원 — 낮

울맨 아이스링크에 스케이트 타는 사람들이 가득하다. 남자와 개가 울타
리 바깥쪽에서 걸어간다.

CUT TO:

#실외. 크리스마스트리 판매장 — 낮

샐리가 트리 값을 치른다. 샐리와 해리가 트리를 든다. 해리가 머리 쪽,
샐리가 뿌리 쪽을 들고 샐리 집으로 간다. 함께.

CUT TO:

#실내. 새해 전야 파티 — 밤

샴페인이 터진다.

사람들이 우스꽝스러운 모자를 쓰고 있어서 새해 전야 파티라는 걸 알 수
있다. 천장에 달린 미러볼에서 불빛이 반짝이고 그 아래 사람들이 바글바
글하다. 맨해튼 어딘가 펜트하우스에서 사람들이 파티를 즐기고 있다.

밴드가 연주를 한다. 해리와 샐리가 춤을 춘다.

해리가 샐리를 뒤로 쓰러뜨렸다가 안아 올린다.

샐리	오늘 데려와줘서 정말 고마워.
해리	뭐 그런 소릴. 내년에도 우리 둘 다 싱글이면 이렇게 데이트하자.
샐리	좋아. 봐, 이젠 우리 뺨을 맞대고 춤도 출 수 있네.

두 사람이 한동안 춤을 추다가 음악이 끝난다. 둘은 조금 더 춤을 추다가 순간 무언가의 시작을 본다… 어떤 느낌… 살짝 말랑한 순간. 그때―

목소리	(화면 밖에서) 여러분, 새해까지 10초 남았습니다!

사람들이 카운트다운을 한다.

사람들	10, 9…
해리	바람 쐬러 나갈까?
샐리	그래.
사람들	… 8, 7, 6…

#실외. 새해 전야 파티―밤

사람들	(계속) … 5, 4…

해리와 샐리는 발코니로 나간다.

사람들   (계속) ··· 3, 2, 해피 뉴 이어!

두 사람 주위에서 커플들이 끌어안고 키스하며 축하한다.
약간 어색한 느낌.

해리   해피 뉴 이어.
샐리   해피 뉴 이어.

두 사람은 짧고 어색한 키스를 나눈다.

FADE OUT.

FADE IN:

#다큐멘터리 영상

2인용 소파에 노부부가 앉아 있다.

다섯 번째 여자   이 사람은 소년단 캠프 지도자였고 나는 소녀단 캠
프 지도자였죠. 어느 날 밤 함께 친목 행사를 했어
요. *(한 박자 뒤)* 그런데 이 사람이 방을 가로질러 왔
어요. 내 친구 맥신한테 말을 걸려는 줄 알았죠. 항상
남자들이 방을 가로질러 와서 맥신한테 말을 걸거든
요. 그런데 이 사람은 나한테 말을 걸러 온 거였어요.
그러더니 말했죠―

다섯 번째 남자   나는 코니아일랜드 스몰 가문 출신인 벤 스몰이야.

다섯 번째 여자   그 순간에 알았죠. 맛있는 멜론을 보면 딱 감이 오는
것처럼요.

FADE OUT.

FADE IN:

#실외. 웨스트 브로드웨이, 레스토랑 근처―이른 저녁

샐리와 친구 마리가 레스토랑으로 걸어간다.

샐리   네가 너한테 꽃을 보냈다고?

마리   60달러를 들여서 이 바보 같은 꽃바구니를 사고 카드도
써서 앞쪽 테이블에 올려놓고 아서가 우연히 보게 만들
려고 했지.

샐리   카드에 뭐라고 썼는데?

마리   "결혼해줘. 사랑을 담아, 조너선."

샐리   효과가 있었어?

마리   아서는 오지도 않았어. 와이프가 여는 자선행사인가 뭔
가가 있는데 깜박했다나. (한 박자 뒤) 이혼 안 할 거야.

샐리   당연히 안 하지.

마리   맞아, 네 말 맞아. 맞다는 거 알아. (한 박자 뒤) 그 레스
토랑이 어디라고?

샐리   다음 블록에 있어.

마리   아, 내가 이러고 있다니 믿기질 않는다.

샐리   마리, 해리는 나랑 가장 친한 친구고, 너도 나랑 가장 친
한 친구니까, 혹시 둘이 잘 맞으면 우리는 다 같이 친구
가 될 수 있을 거야. 네가 네 친구가 누군지도 모르는 사
람하고 사귈 때처럼 멀어질 일도 없을 거고.

마리   내가 아서를 만나면서 너랑 나 사이가 멀어지지는 않았
는데.

샐리	만약에 정말로 아서가 이혼하고 내가 아서를 직접 보게 되면 분명 너랑 나 사이는 멀어질걸.
마리	이혼 안 할 거야.
샐리	당연히 안 하지.
마리	맞아, 네 말 맞아. 맞다는 거 알아.

CUT TO:

#실외. 웨스트 브로드웨이, 레스토랑 근처-밤

해리와 친구 제스가 길을 따라 내려온다.

제스	잘하는 건지 모르겠어.
해리	그냥 저녁 같이 먹는 거야.
제스	나 이제 마침내 그냥 일에 파묻혀 사는 삶에 적응하고 만족하면서 산단 말야. (계속 걸어간다) 그 친구가 그렇게 좋은 사람이면 왜 네가 안 사귀는데?
해리	몇 번을 말해야 해, 그냥 친구라고.
제스	그 말은 매력이 없단 말이야?
해리	아니, 매력 있다고 했잖아.
제스	그런데 성격이 좋다고도 했잖아.
해리	성격 좋아.

제스가 '내 말이 그 말'이란 손동작을 한다.

해리	(계속) 뭐?
제스	성격 좋다는 말은 매력이 없을 때 하는 말이잖아.
해리	봐봐. 만약에 네가 어떻게 생겼냐고 물어봤는데 내가 성격이 좋아, 했으면 그건 매력이 없다는 뜻이지. 그렇지만 내가 그냥 성격이 좋다고 말했다면 둘 다 될 수 있어. 매력 있고 성격이 좋을 수도 있고, 매력 없고 성격이 좋을 수도 있다고.
제스	그래서 어느 쪽인데?
해리	매력 있다고.
제스	하지만 미인은 아니지, 그렇지?

해리가 제스한테 눈을 부라린다.

CUT TO:

#실내. 레스토랑―밤

해리, 제스, 샐리, 마리가 테이블에 앉아 있다. 웨이터가 막 음료를 갖다 주었다. 테이블 배치로 보아 해리가 마리와, 제스가 샐리와 어울리게 되어 있다는 게 분명하다. 제스와 샐리가 서로 대화하고 해리와 마리도 이야기를 나눈다.

제스	(샐리에게) 저는 지미 브레슬린*을 읽을 때마다 브레슬

* 미국의 저널리스트이자 작가.

린이 뉴욕 시에 일종의 모닝콜을 하는 것 같은 느낌이 들어요.

샐리   모닝콜이라니 무슨 말이에요?

두 사람이 계속 이야기를 나누고 이제 해리와 마리의 대화 쪽으로 초점이 이동한다.

해리   제가 그쪽이 한 디스플레이를 본 적이 있을까요?
마리   음, 몇 주 전에 인질과 관련된 작업을 했어요.
해리   아, 그 눈가리개로 눈을 가린 사람들 말이군요.

다시 제스와 샐리로 돌아온다. 샐리는 제스의 말에 재미를 느끼지도 못하고 동의하지도 않는 듯하다.

샐리   (제스에게) 어, 그냥 전… 전 지미 브레슬린을 아주 좋아하진 않아서요.
제스   아, 그 사람이 제가 작가가 된 이유예요. 그게 중요한 건 아니고요.

잠시 침묵이 감돈다.

샐리   해리, 너랑 마리 둘 다 뉴저지 출신이야.

마리	그래요?
해리	어디 살았어요?
마리	사우스 오렌지요.
해리	해든필드요.
마리	아.

서로 마주 본다.
메뉴로 눈을 돌린다.

해리	그래 뭘 주문할까요?
샐리	난 구운 라디키오로 시작할래.
해리	제스, 샐리는 주문을 정말 잘해. 샐리는 메뉴에서 최고인 걸 골라낼 뿐 아니라 셰프도 상상도 못 해본 방식으로 개선해서 주문한다고.

샐리가 해리를 째려본다.

제스	난 레스토랑이 너무 중요시되고 있는 것 같아요.
마리	아, 나도 그렇게 생각해요. "80년대 사람들에게 레스토랑이란 60년대 사람들에게 영화관과 같은 것이 되었다." 얼마 전에 잡지에서 읽은 말이에요.
제스	그거 제가 썼어요.

마리	말도 안 돼.
제스	아녜요, 정말이에요. 내가 썼어요.
마리	잡지에서 읽은 문구를 인용해본 게 평생 처음인데. 놀랍네요. 정말 놀랍지 않아요? 그런데 당신이 썼다고요?
제스	이것도 썼어요. '페스토는 1980년대의 키쉬*다.'
마리	말도 안 돼요.
제스	맞다니까요.
마리	내가 그걸 어디서 읽었을까요?
제스	『뉴욕』 매거진이요.
해리	샐리도 『뉴욕』 매거진에 글을 써.
마리	그 글에 제가 정말 깊은 인상을 받은 거 알아요? 내가 글을 많이 아는 건 아니지만….
제스	아, 와닿는 데가 있었다니 무척 기분이 좋네요.
마리	정말 멋지고 독특한─그런 걸 뭐라고 하죠, '문체'?
제스	당신이 그렇다고 하면 그런 겁니다.
마리	아… 제 말은… 전 정말 그렇게 생각을… 뭐랄까 뚜렷하게… 표현하는 사람을 존경해요….
제스	제가 쓴 글을 저한테 인용해서 들려준 사람은 처음이에요.

CUT TO:

#실외. 웨스트 브로드웨이─밤

＊파이크러스트에 커스터드, 치즈, 고기, 채소 등을 넣은 프랑스식 타르트.

해리, 제스, 마리, 샐리가 큰길을 따라 나란히 걸으면서 식사에 관한 이야기, 오늘 밤 날씨가 좋다는 등의 이야기를 즉흥적으로 한다. 구두 가게 앞을 지나가다 마리가 갑자기 샐리를 잡아 끈다.

마리   오오, 빨간색 스웨이드 펌프스를 찾고 있었는데. (한 박자) 너 제스 어때?

두 남자는 계속 걸어간다.

샐리   어, 글쎄…
마리   (말을 끊으며) 사귈 수 있을 것 같아?
샐리   모르겠어…
마리   왜냐면 나랑 정말 잘 맞는 거 같거든.
샐리   제스 만나보고 싶어?
마리   너만 괜찮다면.
샐리   그럼. 괜찮지. 그냥 해리가 걱정돼서. 엄청 예민하거든. 요새 힘든 일도 많았고. 네가 지금 딱 잘라 거절하지는 않았으면 좋겠어.
마리   안 그럴게. 이해해.
샐리   좋아.

#실외. 웨스트 브로드웨이-밤

해리와 제스도 똑같은 대화 중이다. 러닝 용품 상점 앞에 멈췄다.

제스   너 마리한테 애프터 안 할 거면 내가 해도 돼?

해리   그래.

제스   좋아, 좋아.

해리   하지만 오늘은 하지 마… 그러니까, 지금은 샐리가 상처받을 수도 있어서. 내 말은, 마리한테 전화해도 되는데, 좋은데, 그냥 일주일만 기다려. 알았지? 오늘은 하지 말고.

제스   알았어. 문제없어. 오늘은 안 하려고 했어.

여자들이 가까이 온다.

제스   (계속) 어. (한 박자 뒤) 오늘은 더 걸을 기분이 아니라 택시를 타야겠어요.

마리   저도 같이 가요.

제스   좋아요. (제스가 택시를 보고 도로로 뛰어든다) 택시!

택시가 '끽' 소리를 내며 멈추자 제스와 마리가 택시에 올라타고 택시는 샐리와 해리를 남겨두고 멀어진다.

FADE OUT.

FADE IN:

#다큐멘터리 영상

또 다른 나이 많은 커플. 둘 다 아시아인이고 2인용 소파에 함께 앉아 있다.

아시아인 남자   어떤 남자가 나한테 와서 그러더군요. "너한테 딱 맞는 여자를 찾았어. 옆 마을에 사는데, 나이가 찼대." 남녀가 결혼식 전에는 만나지 못하게 되어 있었어요. 그런데 확인을 해보고 싶어서 몰래 옆 마을에 가서 나무 뒤에 숨어서 빨래하는 걸 봤죠. 만약에 생긴 게 마음에 안 들면 결혼 안 해야지, 생각했어요. 그런데 제 눈에는 정말 예뻐 보이더군요. 그래서 좋다고 했고, 결혼했죠. 55년째 같이 살고 있습니다.

FADE OUT.

FADE IN:

#실외. 더 샤퍼 이미지*−낮−설정 숏

#실내. 더 샤퍼 이미지−낮**

없는 게 없는 사람들에게 줄 선물을 살 때 오는 곳. 해리와 샐리가 가게

---

* 가전제품, 공기청정기, 선물용품 등을 판매하는 소매점.
** 각본에는 없지만 영화에는 "4개월 후"라는 자막이 삽입되었다.

안을 둘러본다. 해리가 미니 농구대에 농구공을 던져 넣는다.

해리   나 이거 사야겠어. 꼭 필요해.

샐리   해리, 우리 제스와 마리 선물 사러 왔잖아.

해리   뭔가 있을 거야. 여기 좋은 거 많아.

샐리   화분을 사러 갔어야 한다니까.

해리가 배터리로 작동하는 선풍기가 달린 모자를 집어 샐리의 머리에 씌운다.

해리   이거. 완벽하다.

샐리   이게 뭔데?

해리   배터리 작동 선풍기가 달린 탐험대 모자.

샐리   이게 대체 뭐에 필요한데?

해리   몰라. 봐, 이거 봐. (선풍기를 가리키며) 이걸로 감자튀김
         도 만들 수 있어.

해리가 통로 반대편에서 무언가를 본다.

해리   (계속) 오, 오, 오.

그쪽으로 간다.

해리   (계속) 좋아. 사냥개 불러들여. 사냥은 끝났어.

해리는 노래방 기계로 간다.

해리   (계속) 샐리, 이게 최고야. (마이크에 대고 말한다) 응답
            하라, 샐리. 이거 봐. 진짜 끝내줘. 너도 마음에 들 거야.
            노래하는 기계야.

해리가 카세트를 넣는다. 뮤지컬 「오클라호마!」의 노래 〈지붕에 술 장식
이 있는 마차The Surrey with the Fringe on Top〉가 흘러나온다.

해리   (계속) 봐. 내가 리드를 부르면 여기에서 코러스하고 반
            주하고 다 나와. 「오클라호마!」에 나오는 노래네. 여기 가
            사 있다.
샐리   (읽는다) 〈지붕에 술 장식이 있는 마차〉.
해리   그래, 이거 완벽하다.

해리가 즐거운 듯 노래를 부른다.

해리   (계속) '병아리 오리 거위는 종종 도망쳐야지, 내가 널 마
            차에 태우고 가면, 내가 널 마차에 태우고 가면, 지붕에
            술 장식이 있는.' (샐리를 가리키며) 네 차례야.

샐리가 노래를 부른다.

샐리　　　　(노래한다) '술이 팔랑이는 걸 봐…'

해리도 함께 노래를 부르고 우스꽝스러운 반주가 계속 나온다. 두 사람은
점점 더 바보스러워진다.

해리와 샐리　(노래한다) '… 팔랑이는 걸 봐, 다리를 높이 들고 우쭐우
　　　　　　쭐 말을 몰면, 호기심 많은 사람들 훔쳐보고는 눈이 튀어
　　　　　　나오겠지!'

갑자기 해리가 창백해지더니 노래를 멈춘다.

샐리　　　　(계속 노래한다) '바퀴는 노랗고 좌석은 갈색, 앞판은
　　　　　　지-인-짜 가죽, 부레풀 커튼을 내리지…'

샐리가 뭔가 이상한 걸 알아차린다.
반주 음악은 계속 나오고 샐리도 노래를 멈춘다.

샐리　　　　(계속) 왜? 내 목소리 때문에 그러지? 내 목소리 싫어서.
　　　　　　나도 이상한 거 알아. 조도 싫어했어….
해리　　　　헬렌이야.

샐리   헬렌?

해리   이쪽으로 오고 있어.

반주가 이어지고 해리를 향해 짙은 색 머리카락에 아주 세련된 여자 헬렌
이 다가오는 게 보인다. 키가 크고 멋진 남자 아이러와 같이 온다.

헬렌   잘 지냈어, 해리?

해리   (침을 삼킨다) 응. 잘 지내.

헬렌   이 사람은 아이러 스톤이야. 해리 번스고.

아이러   해리.

악수한다. 매우 어색하다. 해리가 갑자기 샐리를 기억해낸다.

해리   미안. 여기는 샐리 올브라이트야. 헬렌 힐슨과 아이러.

아이러   샐리.

헬렌   만나서 반가워요.

샐리   안녕하세요.

끔찍한 순간.

헬렌   그럼, 또 봐.

해리   응. 만나서 반가웠어요, 아이러.

미소를 지으며 자리를 뜬다. 해리의 홀드 숏, 기절 직전이다.

샐리   괜찮아?

해리   응, 멀쩡해.

해리는 망치로 머리를 얻어맞은 만화 캐릭터처럼 보인다.

해리   (계속) 이상해 보이지 않아? 정말 이상해 보였어. 진짜
            이상해.

샐리   전에 본 적이 없어서.

해리   그렇다니까, 이상해 보여. 다리가 굵어졌어. 몸에 물을
            저장하는 것 같아.

샐리   해리.

해리   맞다니까, 저 사람은 뭐든 다 저장한다고.

CUT TO:

#실외. 꽃 가게−낮

샐리가 화분 값을 치른다. 해리는 멍하게 식물을 보고 있다. 샐리가 다가
온다.

샐리   정말 괜찮아?

해리   응, 괜찮아. 그냥 언젠가는 일어날 일이었어. 800만 명

이 사는 도시에서 언젠가는 만나게 되어 있잖아. 그 일이
짠, 하고 일어났네. 이젠 괜찮아.

CUT TO:
#실내. 제스와 마리의 아파트—낮
층 전체를 차지하는 웨스트사이드의 고급 아파트. 멋진 벽난로가 있고 가
구가 많다. 실은 필요한 수의 두 배만큼 있다.
마리와 제스는 운동화, 청바지, 헐렁한 셔츠 차림이고 뭔가를 두고 옥신
각신하는 듯하다. 해리는 여전히 얼이 빠져 있다. 아직 정리 안 된 상자들
이 있다—책, 재떨이 몇 개, 유리잔 등.

제스   어울려. 난 좋아. 이게 있어야 집 같은 기분이 들어.
마리   (제스에게) 알았어, 알았어, 해리하고 샐리한테 물어보
          자. (샐리와 해리에게) 어떻게 생각해?

마리가 거대한 마차 바퀴 위에 유리판을 얹어서 만든 커피 테이블을 가리
킨다. 해리가 눈에서 광선을 쏘고 있는 제스를 쳐다본다.

해리   좋아.
제스   결론 났네.

제스가 의기양양하게 웃는다.

마리	당연히 해리는 좋다고 하겠지. 남자잖아. 샐리?

샐리가 코를 찡그린다.

제스	이게 뭐가 어때서?
마리	너무 별로라 어떤 점에서 별로인지 설명조차 못 할 정도야.
제스	난 네 물건에 하나도 반대 안 했잖아.
마리	우리한테 남는 방이 하나 있으면 거기에 네 물건을 다 넣으면 될 텐데. 바 의자하고, 또…
제스	잠깐, 잠깐만, 자기야, 잠깐만. 내 바 의자가 싫어?

마리가 제스를 쳐다본다. 당연히 마리는 제스의 바 의자를 싫어한다.
제스가 도와달라고 해리를 쳐다본다.
해리는 그 자리를 떠나 창가로 가서 마그리트 그림 속 외로운 남자처럼
창밖을 보고 있다.

제스	해리, 이리 와봐. (한 박자 뒤) 내 편이 필요해.

해리는 반응이 없다.

마리	내가 자기 편이야. 당신이 취향을 기르도록 돕고 있잖아.

제스	내 취향이 어때서.
마리	다들 자기는 취향이 좋고 유머 감각이 있다고 생각하지만 누구나 그럴 순 없지.

해리가 일어서서 주위를 둘러본다.

해리	이거 재밌네. 우리도 이렇게 시작했어. 헬렌하고 나. 벽이 텅 비어 있었어. 이것저것 걸었지. 같이 타일을 고르고. 그러다 어떻게 되는지 알아? 6년 뒤에 〈지붕에 술 장식이 있는 마차〉를 아이러 앞에서 부르고 있는 거지.
샐리	그 얘기를 지금 꼭 해야 해?
해리	응. 지금이 이 얘기 하기에 완벽한 타이밍이야. 우리 친구들이 내 경험에서 교훈을 얻길 바라니까. (해리는 점점 화를 낸다) 지금은 모든 게 좋겠지. 다들 행복하고. 사랑이 넘치고. 아주 좋아. 하지만 알아두라고. 머지않아 누가 이 접시를 가질지를 두고 서로 소리를 질러댈 거야. (금이 간 재떨이를 집는다) 이 8달러짜리 접시 때문에 '이건 내 거, 이건 네 거' 나누느라 1,000달러를 들여 변호사하고 통화를 하겠지.
샐리	해리.
해리	(샐리에게) 알았어. (제스와 마리에게) 제스, 마리, 부탁할 게 있어. 너희를 위한 거야. 책 뒤에 이름을 써. 지금

당장. 서로 다 섞여서 어떤 게 누구 건지 모르게 될 테니까. 언젠가, 지금은 안 믿기겠지만, 누가 이 커피 테이블을 갖냐를 두고 15라운드 혈전을 벌일 거야. 이 멍청한 마차 바퀴 로이 로저스* 스타일 창고 세일 커피 테이블 때문에.

제스   아깐 좋다고 했잖아.

해리   (계속 소리를 지른다) 예의상 한 말이야.

해리가 문을 쾅 닫고 나간다.
샐리가 제스와 마리를 본다.

샐리   좀 전에 헬렌을 봤어.

샐리가 제스와 마리를 두고 문으로 나간다.

마리   걱정하지 마. 마차 바퀴 커피 테이블을 달라곤 안 할 테니까.

CUT TO:

#실외. 제스와 마리의 아파트 − 낮

해리가 현관 입구 계단에 앉아 있다. 샐리가 계단으로 내려온다.

---

* '카우보이의 왕'이라는 별명을 가진 미국의 컨트리 가수이자 배우.

해리	알아, 알아. 그러면 안 되는 거.
샐리	해리, 어떤 감정이 든다고 그걸 전부 다 표현하지는 않는 방법을 찾아서 시도해봐.
해리	아, 그래?
샐리	응. 때와 장소를 가려야지.
해리	허, 다음에 사회생활 예절 강의 열 때 나한테도 알려줘. 등록할게.
샐리	나한테 화낼 필요는 없잖아.
해리	왜, 너한테 화 좀 낼 만도 하지 않아? 깐깐 여왕한테 어떻게 살아야 한다는 잔소리를 들은 판인데.
샐리	그게 무슨 소리야?
해리	내 말은, 넌 어떤 일에도 흔들림이 없잖아. 이성을 잃는 일 같은 건 없다고.
샐리	말도 안 되는 소리 하지 마.
해리	왜? 넌 조 때문에 속상해하지도 않고. 그러는 거 한 번도 본 적 없어. 어떻게 그러지? 상실감 같은 거 안 느껴?
샐리	너한테 이런 소리 듣고 싶지 않아.

샐리가 다시 건물 쪽으로 씩씩거리며 간다. 해리가 따라간다.

해리	조는 전부 잊었다며. 근데 왜 다른 사람 안 만나?
샐리	만나잖아.

해리	만난다고? 조하고 헤어진 후에 같이 잔 사람 한 명이라도 있어?
샐리	그게 무슨 상관인데? 그게 내가 조를 잊었다는 증거가 돼? 누구랑 자는 게? 해리, 넌 뉴욕에 있는 사람하고 전부 자서 이제 뉴저지로 이사 가야 할 판인데, 그랬다고 네가 헬렌을 잊은 것 같진 않은데. 게다가 나는 누군가랑 자려면 정말 좋아하는 사람하고 잘 거야. 너처럼 복수라도 하는 것처럼 자는 게 아니라.
해리	말 다 했어?
샐리	응.
해리	내가 한마디 해도 돼?
샐리	응.
해리	미안해.

해리가 다가가서 샐리를 안는다.

두 사람은 집으로 가는 계단으로 올라간다. 제스가 마차 바퀴 커피 테이블을 들고 밖으로 나와 계단을 내려간다.

제스	아무 말 하지 마.

CUT TO:

#실내. 제스와 마리의 아파트−밤

이제 가구가 다 갖춰졌고, 호사스럽지는 않은데 아주 편안하다. 코듀로이 소파, 책과 레코드가 아주 많고 퀼트 몇 장이 의자에 걸쳐져 있다. 마차 바퀴 커피 테이블은 없다. 그림 스피드 퀴즈를 하는 중이다. 해리, 앨리스, 제스가 샐리 팀이다. 해리와 사귀는 에밀리가 해리 옆에 딱 붙어 있다. 앨리스의 남편 게리, 마리, 샐리와 사귀는 줄리언이 한 팀이다.
아기를 그려야 하는 샐리가 열심히 그림을 그린다.

제스   원숭이야. 원숭이. 원숭이는 본 대로 행한다*.

샐리는 고개를 흔들며 계속 그린다.

제스   (계속) 유인원. 흥분하다**.
앨리스   아기네.

샐리가 맞다고 고개를 끄덕인다.

제스   「혹성 탈출***」.

샐리가 종이에 '아기'라고 쓴다. 샐리가 커다란 입 같은 것을 그린다.

* Monkey see, monkey do. 생각 없이 따라 하는 경우를 두고 하는 옛말.
** 'ape'는 유인원이지만 'go ape'는 '흥분하다'라는 뜻의 숙어.
*** 유인원이 주인공인 영화. 원제는 「Planet of the Apes」.

해리	왜 「혹성 탈출」이야. 방금 아기라고 했잖아. '두뇌 탈출'이라고 하지 그래?
제스	아기처럼 안 보여.

샐리가 이제 입에서 화살표 같은 게 나오는 그림을 그린다.

해리	입 큰 아기. 믹 재거* 아기.
제스	아기 유인원! 아기 유인원!
앨리스	아기의 숨**.
해리	(동시에) 로즈메리의 아기의 입***.
제스	「돌아오지 않을래요, 빌 베이비****?」
앨리스	(동시에) 키스 더 베이비!
해리	멜랑콜리 아기 입*****!
제스	아기 물고기 입!
줄리언	15초 남았어요.
앨리스	베이비 붐!

---

* 영국 밴드 '롤링 스톤스'의 리더이자 보컬리스트.
** baby's breath. 안개꽃의 영어 이름.
*** 아이러 레빈의 소설이며 로만 폴란스키가 연출한 영화 〈로즈메리의 아기〉의 제목을 조금 바꾼 것.
**** 엘라 피츠제럴드의 노래 〈돌아오지 않을래요, 빌 베일리Won't You Please Come Home, Bill Bailey〉를 조금 바꾼 것.
***** 엘라 피츠제럴드의 노래 〈마이 멜랑콜리 베이비My Melancholy Baby〉를 바꾼 것.

샐리는 답답해하지만 입에서 나오는 화살을 더 그리는 것 말고 별 도리가
없다.

제스   뭔가를 닮은 걸 좀 그려요!

앨리스   … 키스 더 베이비….

해리   (동시에) 아기가 토한다. 엑소시스트 아기!

앨리스   '예스, 서, 내 사랑이에요*.'

해리   '아뇨, 의심 안 해요.**'

줄리언   땡. 시간 지났어요.

샐리   유아어(baby talk)야.

제스   유아어? 그게 뭔데? 그런 관용어가 있어?

해리   그러게, '아기 물고기 입'은 대유행인데.

게리   최종 점수, 우리 팀 110점, 너희는 60점.

샐리   (줄리언에게) 난 그림은 젬병이야.

줄리언   아냐. 이건 아기고, 이건 아기가 말하는 거잖아. 엄청 잘
           그렸어.

줄리언이 샐리에게 팔을 두른다.

마리   자 그럼, 커피 마실 사람?

* 1920년대 유행가 「Yes, Sir, That's My Baby」.
** 같은 노래의 다음 가사.

샐리와 줄리언이 키스한다. 해리가 쳐다본다.

제스   나 마실래. 사랑해.

앨리스   차도 있어?

마리   응, 차 한 사람.

해리가 손을 든다.

해리   공업용으로 진하게.

에밀리   저도 차 마실게요.

샐리   도와줄게. (줄리언에게) 디카페인?

줄리언   응.

앨리스   난 크림 넣어줘.

에밀리   (마리에게) 화장실이 어디예요?

마리   저 문으로 나가서 복도로 내려가요.

에밀리와 해리가 키스를 하고 에밀리가 화장실로 간다. 샐리가 쳐다본다.
제스와 줄리언은 그림판 앞에 서서 샐리의 아기 그림을 검토한다.

제스   전혀 아기로는 안 보였어요.

줄리언   어느 부분이요?

제스   전부요.

해리	제스, 너 책 표지 보여준다고 했잖아.
제스	아, 그래, 그래. 작업실에 있어. (줄리언에게) 아, 어, 줄리언, 마음껏 드세요. 와인도 드시고, 알았죠? (해리에게) 난 '작업실에 있다'고 말할 때가 참 좋아. 멋지게 들리거든.

#실내. 부엌-밤

샐리와 마리가 커피를 준비한다.

샐리	에밀리가 해리한테는 너무 어리지 않아?
마리	음, 어리지만 대단한 걸 이뤘잖아.
샐리	뭘 했는데? 디저트 만든다며.

#실내. 작업실-밤

해리	줄리언 좀 갑갑해 보이지 않아?
제스	괜찮은 사람이야. 얘기 좀 하고 친해져봐.
해리	키가 너무 커서 얘기하기 힘들어.

#실내. 부엌-밤

마리	초콜릿 무스 파이를 일주일에 3,500개 만든대.
샐리	에밀리가 그 '에밀리 이모'야?

#실내. 작업실—밤

제스   지난주에 메츠 경기에 우리 다 데리고 갔어. 끝내줬어.

해리   다 같이 메츠 경기 보러 갔다고?

제스   막판에 갑자기 가게 됐어.

해리   샐리는 야구 싫어하는데.

#실내. 부엌—밤

샐리   해리는 단거 좋아하지도 않아.

마리   줄리언 진짜 괜찮아.

샐리   알아. 성숙하지.

#실내. 작업실—밤

제스   에밀리 진짜 괜찮던데.

해리   응. 근데, 내가 케네디가 총에 맞았을 때 어디 있었냐고
           물었더니 이러더라고. "테드 케네디*가 총에 맞았어요?"

제스   이런.

* 전 민주당 상원의원. 존 F. 케네디의 막냇동생.

131

CUT TO:

#실내. 해리의 침실−밤

해리가 침대에서 책을 읽는다. 마지막 장을 보지 않으려고 애쓰지만, 결국 포기한다. 마지막 부분으로 책을 넘기는데 전화벨 소리가 울린다. 손을 뻗어 전화를 받는다.

해리   여보세요.

샐리   (음성 필터) 혼자 있어?

해리   응. 책 읽고 있었어.

샐리   (음성 필터) 와 줄 수 있어?

해리   무슨 일이야?

#실내. 샐리의 침실−밤

샐리   결혼한대.

해리   (음성 필터) 누가?

샐리   조.

#실내. 해리의 침실−밤

해리   금방 갈게.

CUT TO:
#실내. 샐리의 아파트 바깥 복도—밤
샐리가 문을 연다. 목욕가운 차림이다. 울고 있고 상태가 좋지 않다.

샐리   안녕.
해리   괜찮아?
샐리   들어와.

해리가 따라 들어가서 문을 닫는다.

#실내. 샐리의 아파트—밤

샐리   (울먹이며) 너무 늦게 전화해서 미안해.
해리   괜찮아.

샐리는 계속 울다가 잠깐 멈추고 숨을 크게 들이마신다.

샐리   휴지가 필요해.
해리   그래.
샐리   응.

샐리가 침실로 들어간다.

#**실내. 샐리의 침실-밤**
샐리가 방에 들어가 휴지를 찾는다. 해리가 침대에 앉는다.

샐리   방금 전화 왔어. 그냥 잘 지내나 전화했대. 잘 지내, 당신
은? 잘 지내… 비서가 휴가 갔다, 백업이 있어서 문제없
다, 뉴어크에서 큰 건을 맡았다, 어쩌고저쩌고 하는데 난
속으로 이 사람하고는 끝났어, 완전히 끝났어, 이런 얘기
를 내가 전에는 관심 갖고 들었다니 참 이상하지, 그러고
있는데 이러는 거야. "할 얘기가 있어."

샐리가 다시 울기 시작한다.

샐리   (계속) 그 사람 사무실에서 일한대. 법무사래. 이름은 킴
벌리고. 만난 지 얼마 안 됐대. 잠시 스쳐 지나가는 사람
이라면 몰라도, 결혼 상대라니. (한 박자 뒤) 그동안 나는
내내 그 사람은 결혼을 싫어한다고 생각했어. (한 박자
뒤) 그런데 진실은 나하고 결혼하기 싫은 거였어. 나를
사랑하지 않았어.

해리   만약에 그 사람이 돌아온다면 받아줄 거야?

샐리   아니. 하지만 왜 나하고 결혼하기가 싫은 거지? 나한테

무슨 문제가 있어서?

해리   없어.

샐리   난 까다로워.

해리   꼼꼼한 거지.

샐리   난 너무 답답한 사람이야. 완전히 꽉 막혔어.

해리   그게 장점인걸.

샐리   아냐, 아냐, 아냐. 나한테 질려서 떠난 거야.

더 심하게 운다.

샐리   (계속) 난 마흔이 될 거야.

해리   언제?

샐리   언젠가는.

해리   8년 남았어.

샐리   하지만 거기 있잖아. 거대한 막다른 골목처럼 거기 버티
고 있다고. 남자들은 달라. 찰리 채플린은 일흔셋에 아기
를 낳았잖아.

해리   그래, 그런데 너무 늙어서 아기를 안지도 못했잖아.

샐리는 조금 웃으려다가 다시 울음을 터뜨린다.

해리   (계속) 이런, 이리 와, 괜찮아. (해리가 샐리를 안아준다)

좋아질 거야. 넌 아주 잘 지낼 거야.

샐리가 해리의 셔츠에 대고 코를 훌쩍거린다.

해리   (계속) 괜찮아, 내가 제일 좋아하는 옷도 아니니까. 괜찮
         아질 거야.

해리가 샐리를 안아준다. 살짝 입을 맞추고 몸을 뗀다.

해리   (계속) 차 끓여줄게.
샐리   해리, 조금만 더 안아줄래?
해리   어, 그래. 자.

해리가 안아준다. 잠시 뒤, 샐리가 무언가를 찾는 듯한 눈으로 해리를 쳐
다본다. 샐리가 입을 맞춘다. 굶주리고 절박한 키스. 해리는 약간 당황하
지만, 같이 입을 맞춘다. 그러고 사랑을 나누기 시작한다—

CUT TO:
#실내. 샐리의 침실—얼마 후
사랑을 나누었다. 두 사람이 침대에 누워 있고 샐리는 해리의 품에 안겨
있다. 샐리는 만면에 미소를 띠고 있다. 해리는 허공을 응시한다.

샐리   편해?

해리가 고개를 끄덕인다.

해리   응.

잠시 후.

샐리   뭐 마실 거나 먹을 거 줄까?
해리   아니, 괜찮아.
샐리   (일어서며) 나 물 가지러 갈 거거든. 필요한 거 있으면 말
       해.
해리   좋아. 물 줘.

#**실내. 부엌—밤**
샐리가 들어와 냉장고에서 물병을 꺼낸다. 찬장으로 가서 잔 두 개를 꺼
내 물을 따른다.

#**실내. 침실—밤**
해리가 샐리의 침대에 누워 여전히 허공을 보고 있다. 그러다가 주위를
둘러보고 눈에 들어온 인덱스 카드 박스를 집어든다. 열어서 안을 본다.

#실내. 부엌—밤

샐리가 얼굴에 미소를 띠고 생각에 잠긴 채 서 있다.

#실내. 침실—밤

해리가 불을 켜고 침대에서 몸을 일으켜 박스 안의 인덱스 카드를 훑어본다. 샐리가 물잔을 들고 들어온다.

해리   (고개를 들며) 비디오를 전부 인덱스 카드에 알파벳 순서로 정리해놨네.

샐리가 물잔을 건넨다.

해리   (계속) 고마워.

침묵이 감도는 가운데 해리가 카드를 괜스레 넘겨 본다.
엄청나게 어색한 순간.
모든 사운드가 실제보다 더 크게 들린다. 인덱스 카드를 차르륵 넘기는 소리. 샐리가 물을 마시는 소리. 해리가 베개를 정리하는 소리.

샐리   뭐 보고 싶어?
해리   아니, 네가 보고 싶으면 봐.
샐리   아니, 괜찮아.

침묵. 해리가 카드 박스를 내려놓는다. 샐리가 다시 침대로 들어가 해리의 어깨에 기댄다.

샐리   (계속) 잘까?

해리   그래.

샐리가 불을 끄고 해리 옆에 눕는다.

CUT TO:

#실내. 침실─낮

샐리가 잠에서 깬다. 침대 옆이 비어 있는 것을 본다. 해리는 어디 있지? 몸을 돌려 해리가 옷을 입고 있는 걸 본다.

샐리   어디 가?

해리   가야 해.

샐리가 빤히 본다.

해리   (계속) 집에 가서 옷 갈아입고 출근해야 해. 너도 출근해야지. 일 마치고 별일 없으면 같이 저녁 먹자. 시간 돼?

샐리   응.

해리   좋아. 이따 전화할게.

샐리   좋아.

해리   좋아.

해리가 살짝 입을 맞추고 나간다.

홀드 숏— 침대에 남아 있는 샐리. 문이 쾅 닫힌다.

샐리 옆에 전화기가 있다.

#실내. 제스와 마리의 침실—아침

침대 양옆에 전화가 있다. 제스와 마리가 침대에 잠들어 있다.

마리 쪽 전화가 울린다. 마리와 제스 둘 다 깨어 시계를 본다. 이 시간에

전화라니 황당하다.

다시 전화가 울린다.

제스   (나무라듯) 당신 전화야.

마리가 수화기를 집으며 전화기를 침대 위로 끌어당긴다.

마리   여보세요.

오른쪽에서 화면 와이프:

샐리가 침대에 앉아서 전화를 들고 말한다.

샐리	이렇게 일찍 걸어서 미안해.
마리	무슨 일 있어?
제스	내가 아는 사람 중엔 이렇게 일찍 전화하는 사람 없어.

제스 쪽 전화가 울린다.

샐리	끔찍한 일을 저질렀어.

제스가 수화기를 든다.

마리	뭘 어떻게 했는데?

왼쪽에서 화면 와이프:
해리가 공중전화 앞에 서 있다. 이제 네 사람이 동시에 화면에 보인다. 마리와 제스는 침대에 전화기를 들고 있고, 오른쪽에는 아파트에서 전화하는 샐리, 왼쪽에는 거리에서 공중전화를 하는 해리가 있다.

제스	(전화기에 대고) 내가 아는 사람 중엔 이렇게 일찍 전화하는 사람 없어.
샐리	끔찍해.
해리	할 얘기가 있어.
마리	무슨 일이야?

제스	왜 그래?
샐리	해리가 어젯밤에 우리 집에 왔는데…
해리	어젯밤에 샐리 집에 갔는데…
샐리	… 조가 결혼하는 거 때문에 내가 상태가 안 좋아서…
해리	… 어떻게 하다 보니까…
샐리	… 나도 모르는 새 키스를 하게 되고… 다음에… (샐리가 기억을 떠올리며 괴로운 듯 고개를 흔든다)
해리	… 간단히 말하자면…

샐리	해리
했어.	했어.

제스	마리
(마리에게 속삭인다) 했대.	(제스에게 속삭인다) 했대.

마리	(다시 샐리에게) 정말 잘됐다, 샐리.
제스	(해리에게) 속으로 바라던 바야.
마리	처음부터 이렇게 됐어야 해.
제스	우린 계속 그렇게 돼야 한다고 했어.
마리	너희는 너무 잘 맞아.
제스	일석이조인 셈이지.
마리	극과 극은 통한다잖아.

제스	마리
어땠어?	어땠어?

해리	할 때는 좋았는데…

샐리	좋았던 것 같은데…
해리	… 나중에는 숨이 막히더라고.
샐리	… 그런데 아니었나 봐.
제스	이런, 안타깝다.
마리	최악이네.
해리	그냥 나가고 싶더라고.
샐리	그냥 가버렸어.
해리	기분이 너무 안 좋아.
샐리	너무 창피해.
제스	네 잘못이 아냐.
마리	끔찍하다.
해리	병에 걸린 것 같아.
샐리	감기에 걸린 것 같아.
제스	잘됐으면 정말 좋았을 텐데, 안됐다.
마리	전 남자친구가 결혼한다는 소식을 들었다고 아무하고나 자면 안 되지.
해리	옆에 누구야?
제스	누구?
샐리	옆에 제스 있어?
제스	제인 폰다*야. 비디오 틀었어.

* 미국의 배우, 모델.

마리	브라이언트 검벨*이야.

제스	마리
아침 먹으러 건너올래?	아침 먹으러 건너올래?

마리와 제스가 기겁하며 마주 본다.

해리	아냐, 그럴 기분 아냐.
샐리	아냐, 상태가 너무 안 좋아.

제스	마리
다행이다.	다행이다.

마리	아니, 좀 쉬라고.
제스	나중에 전화해.
마리	나중에 전화할게, 알았지?
해리	알았어, 들어가.
샐리	끊어.
제스	들어가.
마리	끊어.

다 같이 전화를 끊는다. 해리와 샐리 프레임이 왼쪽 오른쪽으로 와이프해서 사라진다. 제스와 마리만 화면에 남는다.

＊미국의 저널리스트, 스포츠 캐스터.

마리와 제스의 홀드 숏.
마리가 제스를 본다.

마리   세상에.
제스   그러게.
마리   나는 다시는 저 짓 안 해도 된다고 말해줘.

제스가 마리에게 팔을 두르고 안아준다.

제스   당신은 절대로 저 짓을 다시 할 일 없어.

키스한다.

CUT TO:
#실내. 샐리의 화장실－낮
샐리가 거울을 보며 화장을 한다.

샐리   (V.O.) 그냥 실수였다고 말해야지.

CUT TO:
#실내. 해리의 화장실－낮
해리는 샤워를 하고 있다.

해리   (V.O.) 샐리, 실수였어.

CUT TO:
#실내. 샐리의 화장실-낮
아까와 같은 화장하는 장면.

샐리   (V.O.) 내가 먼저 말을 꺼내야 할 텐데.

CUT TO:
#실내. 해리의 화장실-낮
해리가 계속 샤워를 한다.

해리   (V.O.) 내가 말하기 전에 샐리가 먼저 말해야 할텐데.

CUT TO:
#실내. 레스토랑-밤
샐리와 해리가 앉아서 조용히 음료를 마신다. 긴 침묵.

샐리   실수였어.
해리   너도 그렇게 생각한다니 정말 다행이다.

두 사람 다 물을 마신다.

해리	(계속) 어젯밤이 좋지 않았다는 건 아냐.
샐리	좋았어.
해리	응, 그랬어.
샐리	그러지 말았어야 한다는 거지.
해리	내 말이.

샐리가 고개를 끄덕인다.
침묵.

샐리	정말 마음이 놓인다.
해리	잘됐다.
샐리	응.

해리가 고개를 끄덕인다.
샐리가 고개를 끄덕인다.
상황 종료.
웨이터가 샐러드를 가져온다.

웨이터	그린 샐러드 믹스 두 개 나왔습니다.

먹기 시작한다.
먹는다.

정적.

포크가 접시에 부딪히는 소리가 들린다.

계속 정적.

해리   이렇게 같이 앉아 있어도 굳이 대화를 할 필요 없어서
       좋아.

두 사람이 계속 말없이 먹는 모습에 홀드 숏.

홀드.

홀드.

CUT TO:

#실외. 센트럴 파크−베데스다 분수−낮

해리와 제스가 경보를 한다.

해리   그게 말야, 대개는 누군가하고 같이 자고 나면 그 사람이
       자기 얘기를 해주고 나도 내 얘기를 하고 그러는데, 샐리
       하고 나는 서로 모르는 게 없어서 자고 난 다음에 뭘 해
       야 할지 모르겠더라고. 그렇잖아?

제스   그래, 해리.

#실외. 거리−비가 옴

해리와 제스가 길을 건넌다.

해리   글쎄, 두 사람 사이가 섹스를 하기에는 너무 늦어버릴 수
        도 있나 봐. 그렇지?

CUT TO:
#실내. 백화점 피팅 룸—낮
마리가 거울 앞에 서 있고 샐리는 의자에 앉아 있다.

샐리   해리가 결혼식에 누구 데려온대?
마리   아닐걸.
샐리   만나는 사람 있어?
마리   그 인류학자인가 하고 만났었는데…
샐리   어떻게 생겼어?
마리   마르고. 예쁘고. 가슴 크고. 최악이지. 어때?

마리가 베일과 옷자락이 길게 늘어진 매우 전통적인 웨딩드레스를 입어
보고 있다.

샐리   아, 마리.
마리   솔직히 말해.

샐리의 눈에 눈물이 고인다.

샐리   너무 예뻐.

CUT TO:

#실내. 결혼식-오후

결혼식. 전나무 가지와 호랑가시나무 장식이 있는 겨울 결혼식.

마리는 웨딩드레스에 멋진 부케를 들고 아버지와 신부 들러리인 샐리와

함께 통로를 따라 걸어온다.

실내 음악 4중주단이 모차르트를 연주하고, 세 사람은 통로 끝에 서 있는

판사와 그 옆에 있는 제스, 신랑 들러리 해리 쪽으로 온다.

예식이 시작된다. 해리가 샐리를 쳐다본다. 샐리는 해리를 잠깐 봤다가

눈을 돌린다.

판사   오늘 우리는 마리와 제스의 결혼 축하와 신성한 혼인 서

            약을 위해 이 자리에 모였습니다. 두 사람이 하는 맹세는

            삶을 하나로 합해줄 것이며, 함께 마시는 와인은 희망을

            하나로 묶어줄 것이며, 손에 낀 반지로 모두에게 남편과

            아내가 되었음을 공표할 것입니다.

CUT TO:

#실내. 퍽 빌딩-결혼 피로연-오후

악단이 연주한다.

해리가 샐리에게 다가간다.

해리   안녕.

샐리   안녕.

해리   멋진 예식이네.

샐리   멋있었어.

샐리가 불편해한다. 샐리는 대화를 이어가지도 관심 있는 척하지도 않으려 한다.

해리   아, 연말은 정말 힘들어. 해마다 추수감사절에서 새해 다음날까지는 꾸역꾸역 버티는 거 같아.

샐리가 고개를 끄덕인다.

샐리   자살하는 사람도 많지.

해리가 고개를 끄덕인다. 샐리가 고개를 끄덕인다.

웨이터가 오르되브르가 담긴 쟁반을 들고 다가온다.

웨이터   새우 완두콩 깍지 드실래요?

샐리   (해리에게는 보이지 않던 다정함을 한껏 보이며) 고맙습
           니다.

샐리가 하나 집어든다. 웨이터가 해리에게 쟁반을 내민다.

해리   괜찮아요.

웨이터가 간다.

해리   어떻게 지냈어?
샐리   잘.

침묵.

해리   만나는 사람 있어?

샐리가 해리를 쳐다본다.

샐리   해리.
해리   왜?
샐리   (말을 자른다) 이런 얘기 하고 싶지 않아.
해리   왜?

샐리   이런 얘기 하고 싶지 않아.

샐리가 몸을 돌려 가버린다. 해리가 따라간다.

해리   이제 좀 넘어가면 안 돼? 아니, 그 일 때문에 영원히 이
러고 살아야 해?

샐리가 걸음을 멈추고 몸을 돌려 해리를 마주 본다.

샐리   영원히? 얼마나 됐다고.
해리   벌써 3주 전이야.

샐리가 어처구니없다는 표정으로 해리를 본다.

해리   (계속) 사람한테 1년이 개한테는 7년하고 같다는 거 알
아?
샐리   알아.

해리가 그걸로 설명되지 않느냐는 듯 손을 치켜든다.

샐리   (계속) 우리 둘 중 하나가 개라는 거야, 그 말은?
해리   응.

샐리   누가 개인데?

해리   너.

샐리   내가? 내가 개야?

해리   어어.

샐리   내가 개야?

사람들이 대화가 격해지는 걸 알아차리기 시작한다.

샐리는 화가 머리끝까지 났다. 뒤쪽에 있는 큰 문밖으로 나가면 조용한 곳이 나올 거라고 생각하고 그쪽으로 간다. 문 앞으로 가서 하객들과 좀 떨어진 곳에서 화난 듯 허리에 손을 얹고 선다.

샐리   (계속) 이해가 안 가는데, 해리. 누가 개라면, 네가 개지. 너는 그 일이 아무 의미도 없는 것처럼 하고 싶잖아.

해리   아무 의미도 없다는 거 아냐. 거기에 왜 그렇게 큰 의미가 있냐는 거지.

샐리   사실이 그러니까. 그건 네가 그 일이 일어난 순간, 누구보다도 더 잘 알았을 텐데. 바로 문밖으로 걸어 나갔으니까.

해리   그러지 않았어.

샐리   아니지, 뛰어나갔다고 하는 게 맞겠다.

해리   우리 둘 다 실수였다고 했잖아.

샐리   내가 한 최악의 실수였어.

#실내. 주방−낮

문밖으로 나가자 주방이 나온다. 웨이터들이 쟁반을 내려놓고 싱크대에
잔을 넣고 샴페인을 따고 등등을 하고 있다. 해리와 샐리는 소음을 배경
으로 소리를 지른다.

해리　　　내가 어쩌길 바라는데?

샐리　　　너한테 아무것도 바라는 거 없어.

해리　　　좋아, 좋아, 근데 이거 하나 확실하게 해두자. 난 그날 밤
　　　　　너랑 자려고 간 거 아니었어. 그래서 간 거 아니라고. 그
　　　　　런데 네가 울먹이며 그 큰 눈으로 나를 쳐다보면서 이
　　　　　랬잖아. "오늘 집에 가지 마, 해리. 조금만 더 안아줘, 해
　　　　　리." 그러니 나더러 어떡하라고?

샐리　　　무슨 소리야? 내가 불쌍해서 그랬다는 거야?

해리　　　아니, 난…

샐리　　　개새끼!

샐리가 해리의 뺨을 찰싹 때린다. 그리고 충격을 받은 해리를 뒤에 두고
주방 밖으로 나가버린다.

#실내. 퍽 빌딩−결혼 피로연−낮

하객들이 악단 근처에 전부 모여 있다.

악단은 집중해 달라는 신호를 보내는 음악을 연주한다. 샐리가 쿵쿵거리

며 안으로 들어오고 해리도 따라온다. 제스와 마리가 서로 끌어안고 샴페인잔을 들고 서 있고, 하객들이 주위에 모여 있다. 제스가 마이크 앞에 있다.

제스   여러분, 잠시 주목해주세요. 해리와 샐리에게 건배를 제안하고 싶습니다.

샐리가 놀라서 걸음을 멈추고 해리도 멈춘다. 하객들이 전부 몸을 돌려 두 사람을 본다.

제스   (계속) 만약 마리나 제가 두 사람에게 눈곱만큼이라도 매력을 느꼈다면 오늘 우리는 이 자리에 있지 않을 겁니다.

모두 웃으며 해리와 샐리를 향해 잔을 들어 올린다.

FADE OUT.

음악

FADE IN:

#실외. 96번가 - 크리스마스트리 판매소 - 낮

샐리가 청바지와 수수한 점퍼 차림으로 지금 막 크리스마스트리를 샀고 판매원이 트리에 그물망을 씌웠다. 샐리가 트리를 끌고 가기 시작한다. 무척 무겁다. 트리 꼭대기가 땅에 끌리고 집으로 가는 길에 전나무 잎이 떨어져 자취를 남기지만, 샐리는 그러다 죽는 한이 있더라도 혼자 이 망할 트리를 집에 끌고 갈 셈이다.

CUT TO:

#실내. 해리의 아파트 - 낮

해리가 부엌에서 돌아다니고 있다. 전화기를 어깨와 귀 사이에 끼우고 차를 끓인다.

해리   (전화에 대고) 안녕, 나야. 연말연시도 됐고 자선과 용서
              의 계절이라는 걸 네가 혹시 잊었을까 봐…

#실내. 샐리의 아파트 - 낮

샐리가 트리를 끌고 들어온다.

해리의 목소리 (계속) (자동응답기에서) … 그리고 그만큼 널리 알려져 있진 않지만 굽실거리기의 계절이기도 하지. 그래서 네가 전화를 해준다면 나는 아주 기꺼이 크리스마스 굽실거리기를 하려고 해. 전화 줘.

#실내. 해리의 아파트－낮
해리는 조리대 앞에 있다. 전화를 끊고 컵을 식탁으로 가져와 식탁에 놓인 우편물을 훑어본다.

CUT TO:
#실내. 샐리의 아파트－낮
샐리가 컴퓨터 앞에서 일한다. 전화벨이 울린다. 일을 멈추고 자동응답기 소리를 듣는다.

샐리의 목소리 (자동응답기에서) 안녕, 지금 집에 없어요. 오면 바로 전화할게요.

자동응답기에서 '삐' 하는 소리.

해리의 목소리 (자동응답기에서) 집에 있으면 전화 받아. 진짜로 얘기 좀 하고 싶어.

#실내. 해리의 아파트-낮
해리가 침대에 누워 전화에 대고 말한다.

해리   (계속) 네가 전화를 안 받는다는 사실에서 유추할 수 있
             는 것은 1. 집에 없다, 2. 집에 있지만 나하고 얘기하고 싶
             지 않다, 아니면 3…

#실내. 샐리의 아파트-낮
샐리는 수화기를 들지 않는다.

해리의 목소리   (자동응답기에서) … 집에 있고 절박하게 나와 통화하
             고 싶지만 무언가 무거운 것에 깔려 있다. 1번이나 3번
             이면 전화 줘.

전화가 딸깍 소리를 내며 끊긴다. 샐리의 홀드 숏.

CUT TO:
#실외. 거리-핫도그 가판대-낮
해리와 제스가 핫도그 가판대 앞에 있다.

해리　　　　나하고 얘기하고 싶지 않은가 봐. 어떻게 하지? 머리를 어디에 부딪히기라도 해야 하나? 나한테 전화하고 싶으면 하겠지. 나도 이제 얼간이 짓은 하기 싫어.

CUT TO:

#실내. 해리의 아파트―낮

해리가 전화에 대고 노래를 한다. 노래방 기계를 틀어놨다.

해리　　　　(노래한다) '만약 당신이 슬프고 외롭다면, 내가 해줄 수 있는 게 있어요…'

#실내. 샐리의 아파트―낮

샐리는 나가려는 참이다.

자동응답기를 보면서 해리가 노래하는 걸 듣는다.

해리의 목소리　(계속) (자동응답기에서 노래한다) '… 당신만 좋아하는 사람에게 말해요, 난 따뜻하고 다정할 수 있어요― 전화해요, 너무 늦었을지 모르지만 전화해요…'

#실내. 해리의 아파트―낮

해리　　　　(계속) (전화에 대고 노래한다) '겁내지 말고 그냥 놔아

에게 전화해…'

#실내. 샐리의 아파트 — 낮

해리의 목소리　(계속) (자동응답기에서 노래 소리가 들린다) '전화하
　　　　　면 바로 갈게요.'

샐리는 보고만 있다.

#실내. 해리의 아파트 — 낮

해리　　　(계속) (전화기에 대고 말한다) 전화 줘.

해리가 노래방 기계를 끈다.

샐리　　　(음성 필터) 안녕, 해리.

#실내. 해리의 아파트 — 낮

해리　　　여보세요! 응, 응! 받을 줄… 집에 있는 줄 몰랐어.

#실내. 샐리의 아파트 — 낮

해리	(음성 필터) 뭐 해?
샐리	막 나가려던 참이야.
해리	(음성 필터) 어디 가?
샐리	왜 전화했어?

#실내. 해리의 아파트 - 낮

| 해리 | 그냥. 그냥 미안하다고 하려고 전화했어. |

#실내. 샐리의 아파트 - 낮

| 샐리 | 알았어. |

샐리는 해리가 할 이야기가 있으면 하길 기다린다. 그런데 말이 없다.

#실내. 해리의 아파트 - 낮

해리는 무슨 말을 해야 할지 모른다.

#실내. 샐리의 아파트 - 낮

| 샐리 | 가야겠다. |

#실내. 해리의 아파트 - 낮

해리	잠깐만… 잠깐만. 새해 전날 뭐 해? 타일러네 파티 갈 거야? 난 같이 갈 사람 없는데, 너도 없다면 말야, 우리 같이 갈 사람 없으면…

#실내. 샐리의 아파트-낮

해리	(음성 필터) … 새해를 같이 맞자고 했었잖아…
샐리	해리, 이제 그만해. 난 땜방용이 아냐. 안녕.

샐리가 전화를 끊는다.

#실내. 해리의 아파트-낮
해리는 그 자리에 서서 신호음을 듣고 있다.

FADE OUT.

FADE IN:
#실내. 해리의 아파트-밤
근접 숏, 텔레비전, 딕 클라크*가 화면에 보인다.

---

* 미국 방송 진행자로 ABC 방송국에서 새해 전야 프로그램 〈뉴 이어스 라킹 이브(New Year's Rockin' Eve)〉를 진행했다.

딕 클라크   (텔레비전에서) 이 자리에 다시 또, 제16회 〈뉴 이어스 라킹 이브〉로 돌아왔습니다. 생방송으로 바로 이곳 시내 중심가에서…

카메라가 뒤로 물러나며 나타난다.
해리가 침대에 누워 맬로마스를 먹으면서 텔레비전을 보고 있다.

해리   (V.O.) 이것도 나쁘지 않네. 전통의 딕 클라크도 있고, 역사상 최고의 과자 맬로마스도 있고, 닉스*가 1973년 이래 첫 우승을 차지하기 직전이니까.

해리가 벽에 걸린 플라스틱 장난감 농구대에 공을 날린다.
안 들어간다.
다시 텔레비전을 본다.

CUT TO:
#실내. 새해 전야 파티-밤
성대한 새해 전야 파티. 작년하고 비슷하다. 미러볼이 돌아간다. 불빛이 사람들 얼굴에서 반짝인다.
샐리는 키가 큰 남자와 춤을 춘다. 남자가 샐리를 뒤로 휙 젖힌다. 샐리는 경악한다. 다시 일어선 샐리는 키 큰 남자가 자기를 밀고 당길 때 마리와

＊ 미국 프로 농구 NBA의 팀 뉴욕 닉스.

눈을 마주친다. 마리는 제스와 춤을 추고 있다.

샐리   왜 날 여기로 끌고 온 거야.

샐리는 프레임 밖으로 끌려간다.

CUT TO:

#실외. 거리−상점 앞−밤

해리가 텅 빈 거리에서 혼자 걷는다.

#실외. 시내 거리−밤

해리가 상점 진열창 앞으로 걸어간다.

해리   (V.O.) 밖이 훨씬 낫네. 공기도 신선하고. 거리를 독차지
             할 수 있고. 바글바글한 파티에서 즐거운 척하면서 있을
             필요 있어? 게다가 윈도 쇼핑하기에 완벽한 타이밍이야.
             좋네.

해리는 길 건너 상점 앞에 커플이 서로 끌어안고 있는 걸 본다. 여자가 웃
는다.

CUT TO:

#실내. 새해 전야 파티—밤

샐리는 기둥에 기댄 채 파티에서 만난 남자를 마주 보고 남자가 하는 농담을 듣는다.

파티에서 만난 남자   그러더니 남자가 말하는 거예요. "카드를 읽어 봐요."

샐리가 기둥 반대편에 있는 마리 쪽으로 몸을 숙인다.

샐리   (계속) 나 집에 갈래.
마리   택시 못 잡을걸.

CUT TO:

#실외. 워싱턴 광장—밤

해리는 11년 전 샐리가 차에서 내려준 지점을 따라 걷는다. 아이스크림콘을 들고 있다. 아이스크림을 쓰레기통에 버린다. 걸음을 멈추고 워싱턴 광장 아치를 올려다본다.

해리   (V.O. FLASHBACK) 당연히 알겠지만 우린 절대 친구가 못 돼요.

#FLASHBACK—낮

아치 아래 광장에서 샐리와 해리가 샐리의 차 뒤에서 마주 보고 있다. 샐리가 해리에게 손을 내민다.

샐리   (V.O. FLASHBACK) 왜요?

해리가 샐리의 손을 잡고 악수한다.

해리   (V.O. FLASHBACK) 내 말은… 남자와 여자는…

#FLASHBACK－낮
샐리와 해리가 비행기에 탔다.

해리   (V.O. FLASHBACK) (계속) … 친구가 될 수 없어요. 섹스
문제가 늘 끼어드니까.

#FLASHBACK－낮
해리와 샐리가 길을 따라 걷는다.

샐리   (V.O. FLASHBACK) 그렇지 않아요.
해리   (V.O. FLASHBACK) 남자는 매력을 느끼는…

#FLASHBACK－낮
해리와 샐리가 공원에서 걷는다.

해리　　　　(V.O. FLASHBACK) (계속) … 여자하고는 절대 친구가 될
　　　　　　수 없으니까요. 늘 섹스를 하고 싶어 하죠.

#FLASHBACK—낮

해리와 샐리가 미술관에 있다—샐리가 웃는다.

샐리　　　　(V.O. FLASHBACK) 여자 쪽은 섹스를 하고 싶어하지 않
　　　　　　는다면요?
해리　　　　(V.O. FLASHBACK) 상관없죠….

#FLASHBACK—낮

해리와 샐리가 델리카트슨에 있고 샐리가 다른 사람들이 쳐다보는 가운
데 오르가슴 연기를 한다.

해리　　　　(V.O. FLASHBACK) (계속) … 섹스 문제가 이미 밖으로 나
　　　　　　왔고, 그러니 우정은 물 건너갔고…

#FLASHBACK—밤

해리와 샐리가 샐리의 방에서 키스한다.

해리　　　　(V.O. FLASHBACK) (계속) … 그걸로 끝인 거죠.
샐리　　　　(V.O. FLASHBACK) 허, 그럼 우린 친구가 못 되겠네요.

해리	(V.O. FLASHBACK) 그러네요.
샐리	(V.O. FLASHBACK) 아쉽네요. 뉴욕에서 유일하게 아는 사람인데.

#실외. 워싱턴 광장―밤

해리가 현실로 돌아왔다. 방금 머릿속에서 일어난 일을 생각한다. 추위를 느끼는 듯 옷깃을 세우고는 아치에서 멀어지는 방향으로 걷기 시작한다. 걸음이 점점 빨라지다가 결국 달리기 시작하는 해리를 카메라가 계속 비춘다.

CUT TO:

#실내. 새해 전야 파티―밤

자정이 거의 다 됐다. 풍선, 꽃종이, 천천히 돌아가는 미러볼.
자정이 다가오면서 분위기는 점점 달아오른다.
샐리는 군중 속에 혼자 있다.
샐리는 집에 가기로 마음을 먹는다. 제스와 마리에게 간다.

CUT TO:

#실외. 거리―밤

해리가 달린다.

CUT TO:

실내. 새해 전야 파티−밤

샐리	(코트를 찾으러 가면서) 나 갈게.
마리	자정 다 됐어.
샐리	키스할 사람도 없이 있으려니…
제스	내가 해줄게요.

CUT TO:

실외. 거리−밤

해리가 택시를 잡으려 한다. 택시를 잡을 수가 없다. 계속 달린다.

CUT TO:

실내. 새해 전야 파티−밤

제스	왜 그래요. 가지 말아요.
샐리	고마워요. 그냥… 그냥 갈게요.
마리	2분만 더 기다려.
샐리	내일 전화할게.

두 사람은 서로 뺨에 입을 맞추고 샐리는 떠난다.

CUT TO:

#실외. 거리-밤

해리가 길에서 뛰어 모퉁이를 돌아 호텔로 달려 들어가 로비로 간다.

CUT TO:

#실내. 새해 전야 파티-밤

샐리는 사람들 사이를 빠져나오다가 그 자리에 우뚝 선다. 해리가 있다.
해리가 천천히 샐리 쪽으로 걸어와 앞에 멈춰 선다.

해리	생각 많이 해봤는데. 결론은, 나 너 사랑해.
샐리	뭐라고?
해리	사랑해.
샐리	내가 그 말에 어떻게 대꾸할 것 같아?
해리	너도 사랑한다고 하면 어때?
샐리	'나 갈게'는 어때.

샐리가 몸을 돌려 사람들 사이를 헤치고 간다. 해리가 강아지처럼 졸졸
따라간다.

해리	내 말이 너한텐 아무 의미도 없어?

샐리가 걸음을 멈추고 몸을 돌려 해리를 마주 본다. 그러는 동안 새해 카
운트다운이 시작되고, 카운트다운이 끝난 뒤 사람들이 "해피 뉴 이어"를

외치고 꽃종이가 날리고 모두 키스하고 〈올드 랭 사인〉이 울린다.

샐리   미안해, 해리. 오늘이 새해 전날이고 네가 외로운 건 아는데, 그런다고 이렇게 갑자기 나타나서 사랑한다고 하면 아무 일도 없었던 게 되진 않아. 그렇게는 안 돼.

해리   그럼 어떻게 해야 하는데?

샐리   몰라, 하지만 이건 아냐.

샐리가 가려고 몸을 돌리지만 해리가 샐리를 잡아 멈춰 세운다.

해리   그럼 이건 어때? 네가 바깥 온도가 22도인데도 춥다고 하는 게 좋아. 네가 샌드위치 주문하는 데 한 시간 반 걸리는 게 좋아. 네가 미쳤냐는 듯한 표정으로 날 쳐다볼 때 여기 작은 주름이 생기는 게 좋아. 너랑 같이 하루를 보낸 다음에 내 옷에서 네 향기가 나는 게 좋아. 그리고 밤에 잠들기 전에 마지막으로 이야기하고 싶은 사람이 너라는 게 좋아. 내가 외로워서 그러는 거 아냐. 오늘이 새해 전날이라서 그러는 것도 아니고. 내가 여기 온 건 남은 평생을 누군가와 함께 보내고 싶다는 걸 깨달았는데, 그 남은 생이 최대한 빨리 시작하기를 바라서 온 거야.

샐리   (화를 내며) 꼭 너 같다, 해리. 넌 꼭 이런 식으로 말을 하지. 그러면 도저히 널 미워할 수가 없어. 네가 미워. 정말

미워. 미워.

해리가 샐리를 끌어안는다.
키스한다.
긴 키스.
미러볼이 돌아가며 반짝인다.
계속 키스한다.
〈올드 랭 사인〉이 배경에 계속 깔린다.

해리   이 노래는 무슨 뜻이야? 항상 무슨 뜻인지 모르겠더라
         고. '옛 친구는 잊히고'라고 시작하잖아? 그 말이 옛 친
         구는 잊어야 한다는 건지, 어쩌다 보니 잊었더라도 기억
         해야 한다는 건지. 근데 이미 잊었다면 기억할 수가 없잖
         아?
샐리   글쎄, 우리가 잊었다는 걸 기억해야 한다는 게 아닐까.
         어쨌든 간에 옛 친구에 관한 노래야.

두 사람은 다시 입을 맞춘다.
카메라가 위로 이동하며 두 사람에게서 멀어진다.

해리	(V.O.) 처음 만났을 때는 서로 싫어했어요.
샐리	(V.O.) 넌 날 싫어하지 않았지, 내가 널 싫어했지. (한 박자 뒤) 두 번째 만났을 때는 날 기억도 못했고.
해리	(V.O.) 기억했어, 기억했다고. (한참 뒤) 세 번째로 만났을 때는 친구가 됐어요.
샐리	(V.O.) 아주 오랫동안 친구였어요.
해리	(V.O.) 그러다가 아니게 됐죠.
샐리	(V.O.) 그러다가 사랑하게 됐어요.

CUT TO:

#2인용 의자에 앉은 커플

해리와 샐리가 함께 있다.

샐리	석 달 뒤에 결혼했어요.
해리	석 달밖에 안 걸렸어요.
샐리	12년하고 석 달이죠.
해리	아주아주 멋진 결혼식을 했어요.
샐리	그랬어요.
해리	근사했죠. 거대한 코코넛 케이크가 있었어요.

샐리	층층으로 된 거대한 코코넛 케이크에다가, 아주 진한 초콜릿 소스를 따로 곁들였죠.
해리	맞아요. 케이크에 소스를 뿌리는 걸 누구나 좋아하는 건 아니니까요. 소스를 뿌리면 축축해지거든요.
샐리	특히 코코넛은요. 물기를 아주 잘 빨아들여요. 그래서 따로 놓는 게 아주 중요해요.
해리	맞아요….

계속 이야기하며−

FADE OUT.

[끝]

When Harry
Met Sally...

지은이

노라 에프런 Nora Ephron

할리우드의 대표적인 영화감독이자 작가. 『뉴욕포스트』 기자를 거쳐 『에스콰이어』 『뉴욕』에 칼럼을 기고했다. 영화 「해리가 샐리를 만났을 때」를 통해 할리우드 최고의 시나리오 작가의 반열에 올랐고, 이 영화로 영국 아카데미영화제 각본상을 수상했다. 그 외 「실크우드」 「시애틀의 잠 못 이루는 밤」 또한 아카데미영화제 각본상 후보로 지명되었다.

1992년에는 감독으로 데뷔해 「시애틀의 잠 못 이루는 밤」 「유브 갓 메일」 「그녀는 요술쟁이」 「줄리 & 줄리아」 등을 연출해 로맨틱 코미디의 대중화를 이끌었으며, 여성 감독으로서 확고한 입지를 구축했다. 영화 외에도 『내게는 수많은 실패작들이 있다』 등 여러 권의 에세이와 소설을 펴냈다.

2012년 급성 골수 백혈병으로 인한 폐렴으로 71세에 작고할 때까지 섬세한 글과 영화로 대중에게 사랑받았다.

옮긴이

홍한별

연세대학교 영어영문학과와 같은 학교 대학원을 졸업하고 번역가로 활동하고 있다. 옮긴 책으로 『이처럼 사소한 것들』 『상실』 『클라라와 태양』 『나는 가해자의 엄마입니다』 『아웃런』 『우리, 이토록 작은 존재들을 위하여』 『달빛 마신 소녀』 『몬스터 콜스』 『사악한 책, 모비딕』 등이 있고, 지은 책으로 『아무튼, 사전』 『우리는 아름답게 어긋나지』(공저) 등이 있다. 『밀크맨』으로 제14회 유영번역상을 수상했다.